दस प्रतिनिधि कहानियाँ

विष्णु प्रभाकर

किताबघर प्रकाशन
नयी दिल्ली

दस प्रतिनिधि कहानियाँ सीरीज़

दस प्रतिनिधि कहानियाँ

विष्णु प्रभाकर

प्रकाशक
किताबघर प्रकाशन
4855-56/24, अंसारी रोड, दरियागंज, नई दिल्ली-110002
फ़ोन : 011-23266207, 41584421
E-mail : kitabgharprakashan@gmail.com
website : www.bookshindi.com

पेपरबैक संस्करण : 2024

आवरण : रवि शर्मा

मूल्य : एक सौ सत्तर रुपये

मुद्रक : आर. के. ऑफसेट
शाहदरा, दिल्ली-110095

DAS PRATINIDHI KAHANIYAN *(Stories in Hindi)*
by Vishnu Prabhakar
Price : ₹ 170 (Paperback Edition)

ISBN—978-93-85054-83-9

भूमिका

हिंदी प्रकाशन जगत् में 'किताबघर' एक नाम ही नहीं है एक मानदंड भी है। वहाँ से मेरी भी कई पुस्तकें प्रकाशित हुई हैं। अपनी लंबी यात्रा में बहुत से पड़ाव उन्होंने पार किए हैं। अब वे उस मुकाम पर पहुँच गए हैं जहाँ लेखक से वे कुछ अपेक्षाएँ भी रखने लगे हैं।

इसी प्रक्रिया में उन्होंने मुझसे चाहा है कि मैं अपने संपूर्ण कथा-दौर में रची गई कहानियों में से वे कुछ कहानियाँ चुनूँ जो मेरे अपने लिए, समीक्षक-आलोचक-संपादकों के लिए मील का पत्थर रही हों तथा जिनकी वजह से स्वयं लेखक को लगातार यह अहसास बना रहा है कि वह कथाकार है लेकिन उससे भी जरूरी हमारा आग्रह यह है कि इस संकलन की भूमिका स्वरूप लेखक का एक अद्‌भुत वक्तव्य भी, जिसमें संकलित कथाओं के प्रतिनिधि होने की बात पर अपने संपूर्ण कथा दौर के संदर्भ में प्रकाश डाला जाए तथा बड़बोलेपन को भूमिका का दोष माना जाए।

हम समझते हैं कि रचना प्रक्रिया में श्रद्धा की ज़रूरत होती है तथा इसी कथा श्रद्धा को हम इस शृंखला के माध्यम से पाठकों तथा लेखकों की नई पीढ़ी को सौंपना चाहते हैं ताकि यह भूमिका उनके भावी लेखन के लिए प्रतिमान तो बने ही, साथ ही उनकी साहित्यिक निष्ठा को भी मजबूती दे सके।

यह एक चुनौती थी जिसे मैं प्रथम दृष्टि में स्वीकार करने को कतई तैयार नहीं था। उसके कई कारण हैं। सबसे पहला कारण तो यही है कि मेरे कुछ अग्रज सर्जक और समीक्षक मुझे कहानीकार ही नहीं मानते। उनका कहना है कि जो तत्त्व कहानी को कहानी बनाते हैं, वे मेरे पास नहीं हैं। मैं दिशाहीन हूँ। कुछ है जो मुझे अश्रुगलद् भावुकता की परंपरा का लेखक, लिजलिजा, गांधीवादी सतह पर तैरने वाला मानते हैं अर्थात् मेरी 'कहानियों' में गहराई नहीं है। कुछ मानते हैं मेरे पास शक्ति (पावर) नहीं है कुछ कहते हैं कि मेरी कहानियों में मिर्ची (कचोट) नहीं है यानी मेरे साहित्य में द्वंद्व नहीं है। एक व्यक्ति के शब्दों का प्रयोग करूँ तो मैं जैसा सीधा-सादा आदमी हूँ वैसा ही मेरा साहित्य है। उसकी क्या चर्चा करना। यानी उन्होंने मुझे लेखकों की बिरादरी से ही खारिज कर दिया। इसीलिए कुछ समीक्षकों ने मुझे न लिखने की सलाह दी।

और भी बहुत कुछ कहा और लिखा। लिखने-कहने के उनके अधिकार को मैंने कभी चुनौती नहीं दी। पर साथ ही मेरे अंदर के किसी कोने में यह विश्वास बना रहा कि मैं कहानीकार हूँ। यह सच है कि महान् तो क्या मैं मात्र सर्जक कहलाने का अधिकारी भी नहीं हूँ। निर्माता भी नहीं हूँ, बस अर्ज़ीनवीस हूँ, साहित्य का अर्ज़ीनवीस।

मेरी कहानियाँ भी उसी श्रेणी की हैं। समाज में महान् के साथ साधारण सदा रहा है। उसका होना ही तो 'महान' की पहचान है।

समाज के प्रत्येक व्यक्ति का मानसिक स्तर एक जैसा नहीं होता। काल जिनको चुनता है उनकी संख्या तो विरल होती है। आसमान में सूर्य एक ही है, चन्द्रमा भी एक ही है पर उसमें दोष होने पर भी रसिक जन उसे कितना प्यार करते हैं। तारे असंख्य हैं, वे सूर्य-चंद्र जैसा प्रकाश तो देते नहीं दिखाई देते पर जो कुछ देते हैं उसका भी महत्त्व होता है। महत्त्व तो पटबीजनों का भी होता है। कथा आती है कि सूर्य जब अस्ताचल की ओर जा रहे थे तो उन्हें एक ही पीड़ा साल रही थी कि अब जगत् को कौन प्रकाश देगा। तब मिट्टी के छोटे-से दीप ने कहा था, 'प्रभु, आप चिंता न करें, मैं हूँ यहाँ पर।'

मैंने अनेक विधाओं में लिखा पर अपने को मैं मूलतः कहानीकार ही मानता हूँ। इसे मेरी धृष्टता कहिए या बड़बोलापन, पर मेरे अंतर का विश्वास यही है। और इसी विश्वास के कारण मैंने प्रकाशक की यह चुनौती स्वीकार की है। चुनौती इस अर्थ में कि क्या कोई लेखक विश्वास के साथ कह सकता है कि अमुक-अमुक उसकी प्रतिनिधि कहानियाँ हैं। मैं तो नहीं ही कह सकता। 'मेरी प्रिय कहानियाँ', 'मेरी लोकप्रिय कहानियाँ', 'मेरी चर्चित कहानियाँ' मेरे ऐसे कई संग्रह प्रकाशित हो चुके हैं और उन्हें तैयार करने में मुझे विशेष कठिनाई नहीं हुई। लेकिन प्रतिनिधि कहानियों का चुनाव करना सहज नहीं हो सका। यह मेरी दुर्बलता भी हो सकती है, हीन भाव भी हो सकता है पर ये सब बातें इस तथ्य को नहीं झुठला सकतीं कि यह काम मुझे असंभव जैसा लगा। फिर भी मैंने इस प्रस्ताव को स्वीकार इसलिए किया ताकि मुझे अपने अंतर में झाँकने का, अपने को कुरेदने का अवसर मिलेगा।

और वह मिला भी। मेरी कथा-यात्रा नवंबर 1931 से आरम्भ होती है जब मैंने 'दिवाली के दिन' पहली कहानी लिखी थी और वह लाहौर से प्रकाशित होने वाले दैनिक पत्र 'हिन्दी मिलाप' के रविवासरीय संस्करण में प्रकाशित हुई थी। तब मैं अनेक कारणों से सरकारी नौकरी में था इसलिए 'प्रेमबंधु' के छद्म नाम से लिखना शुरू किया था। बाद में मैंने यह नाम छोड़ दिया और विष्णु के नाम से लिखना शुरू किया। उस समय मुझ पर आर्यसमाज का गहरा प्रभाव था। तीसरी सबसे महत्त्वपूर्ण बात यह थी कि बचपन से ही मैं कांग्रेस की ओर आकर्षित हो चुका था। सात वर्ष की आयु से ही खद्दर पहनने का चाव पैदा हो गया था। बड़ी इच्छा थी कि बड़े होकर मैं आज़ादी की लड़ाई का एक सिपाही बनूँ और खूब पढ़ूँ।

पढ़ने की बात मेरे मन में माँ के कारण पनपी थी। तब हमारे परिवार में वही एक मात्र पढ़ी-लिखी महिला थीं। और वे चाहती थीं कि उनके बच्चे भी पढ़-लिखकर कुछ बनें, इसलिए उन्होंने हमें सन् 1924 में अपने भाई अर्थात् हमारे मामाजी के पास भेज दिया था लेकिन दुर्भाग्य से अगले ही वर्ष या उसी वर्ष के अंत में हमारे कस्बे पर प्लेग का आक्रमण हुआ और उसने हमारे परिवार को नष्टप्राय कर दिया। हमारे छोटे चाचाजी

जो परिवार के आधार-स्तंभ और दीप-स्तंभ दोनों थे, मृत्यु का ग्रास बन गए। फिर तो कुछ ही दिनों में हमारा समृद्ध परिवार, सारी सम्पत्ति, दुकानें व जेवर सब-कुछ गँवाकर निर्धनता की चरम सीमा पर आ गया।

अब मैं न तो आगे पढ़ सकता था और न आज़ादी की लड़ाई में भाग ले सकता था। कहानी बहुत लंबी है। संक्षेप में इतना ही कहूँगा कि तब मेरे मामाजी ने सलाह दी थी कि अब कुछ नहीं हो सकता। अपने परिवार के लिए कुछ करने के लिए यह ज़रूरी है कि तुम कुछ काम शुरू कर दो। तुम चाहो तो मैं तुम्हें अपने दफ्तर में नौकरी दिलवा सकता हूँ।

तब मैंने मैट्रिक की परीक्षा दी थी और गरीबी क्या होती है यह काफी देख चुका था। इसलिए अपने अंतर की व्यथा को दबाकर मैंने मामाजी का प्रस्ताव स्वीकार कर लिया। कहूँगा कि स्वीकार करने को विवश कर दिया गया। मुझे दफ्तरी की नौकरी मिल गई। काम था मेज़ साफ करना, दवातों में स्याही डालना, फाइलें पकड़ाना इत्यादि-इत्यादि। करने को मैं सब-कुछ करता था लेकिन भीतर-ही-भीतर रोता भी कम नहीं था। चारों तरफ से पड़ने वाली विपदाओं ने मुझे तोड़ दिया था। आर्यसमाज के प्रभाव के साथ-साथ गांधीजी का प्रभाव भी मुझ पर पड़ चुका था। खद्दर पहनता था; शुद्ध हिंदी में भाषण भी दे सकता था। अछूतों, महिलाओं और मुसलमानों के प्रति मेरे मन में करुणा जाग आई थी। मैं किसी से भी, किसी भी तरह का भेदभाव नहीं करता था। हाँ, तब तक मैंने डायरी लिखना भी शुरू कर दिया था। तब की वह डायरी सुरक्षित रहती तो उसके हर पृष्ठ पर यह लिखा देखा जा सकता था—Better to die [ऐसे जीवन से मरना अच्छा]।

ये सारी परिस्थितियाँ जहाँ एक ओर मुझे कथा से मथ रही थीं, दूसरी ओर डायरी लिखने की प्रवृत्ति के कारण और आर्यसमाज में सक्रिय भाग लेने की वजह से मुझे अपनी व्यथा को कागज़ पर उतारने की प्रेरणा भी मिली। दर्द सहने की यातना में से गुज़रे बिना कोई लेखक नहीं बन सकता। मैं तब इसी प्रक्रिया में से गुज़र रहा था। वाल्मीकि का क्रौंचवध तब मेरा क्रौंचवध बन गया। मैंने लिखना शुरू किया। पहले कविता लिखी फिर गद्य काव्य। लेकिन उनमें मन इतना रमा नहीं इसलिए कहानी लिखनी शुरू कर दी। इसका एक कारण यह भी था कि मैं पढ़ता बहुत था और तब मैंने रवीन्द्र, शरत्, प्रेमचंद, प्रसाद इत्यादि महान् रचनाकारों की रचनाएँ पढ़ ली थीं। बचपन में पुराने किस्से-कहानियाँ भी बहुत पढ़े थे और दादी-परदादी से सुने भी थे। इन सबका परिणाम अंततः 'दिवाली के दिन' कहानी के रूप में हुआ। यह कहानी अब कहाँ है मुझे नहीं मालूम लेकिन इतना अवश्य कह सकता हूँ कि उस पर जहाँ एक ओर आर्यसमाज के आदर्शवाद का प्रभाव था वहीं दूसरी ओर व्यथा और वेदना से पूर्ण करुणा का भी प्रभाव था। उसे बाद में आलोचकों ने अश्रुगलद् भावुकता का नाम दिया।

तो संक्षेप में यह है मेरे कहानीकार बनने की कहानी। लेकिन इसके बाद इतना व्यस्त रहा कि गंभीरता से कुछ लिख नहीं पाया। उन दिनों सरकारी नौकरी आज की

नौकरी से भिन्न थी ! 12 घंटे काम करना पड़ता था। कोई ओवर टाइम या लंच अवर नहीं होता था। आर्यसमाज से जुड़े होने के कारण मैं उसके कार्यक्रमों में भी सक्रिय रहता था। नगर में नाटक मंडलियाँ थीं और चूँकि मैं उत्तर प्रदेश से आया था इसलिए मेरी हिंदी और उसका उच्चारण बहुत प्रभावशाली था। इसलिए मैं तत्कालीन नाटकों में अभिनय करने लगा था। उसके बाद तो स्वयं मैंने अपनी एक नाटक मंडली बना ली थी। इसके अतिरिक्त पढ़ने की लालसा भी मेरे अन्दर बड़ी तीव्र थी और मैं पंजाब विश्वविद्यालय की 'हिंदी भूषण' और 'प्रभाकर', संस्कृत की 'प्राज्ञ' और 'विषारद' आदि परीक्षाओं में बैठता रहा। और अंततः बी० ए० की डिग्री प्राप्त कर ली। आज यह सब-कुछ आश्चर्यजनक लगता है लेकिन इस सबको छोड़कर मैं अपने साहित्य-सृजन की चर्चा करना चाहूँगा।

सन् 1934 से मैंने गम्भीरता से लिखना शुरू किया। और सारी बाधाओं के बावजूद आज तक वह क्रम निर्बाध रूप से चलता आ रहा है। बीच में पड़ाव ज़रूर आए, बार-बार मोहभंग भी हुआ लेकिन रास्ता रुका नहीं। लगभग 70 वर्ष इस यात्रा में कितना कुछ लिखा इसका लेखा-जोखा अब सबके सामने है। मैंने अब तक लगभग 300 कहानियाँ लिखी होंगी, उनमें से बहुत-सी कहाँ गईं, मुझे पता नहीं। लेकिन जो शेष हैं उनमें से भी दस प्रतिनिधि कहानियाँ चुनना असम्भव-सा है। लेकिन जैसा कि कह चुका हूँ मैंने इस चुनौती को स्वीकार कर लिया।

इस प्रक्रिया में अपनी सहयोगी की सहायता से जो कहानियाँ पहले चुनीं उनमें से अधिकतर बहुत लोकप्रिय हो चुकी हैं और बहुत-से संग्रहों में आ चुकी हैं। अभी-अभी सामयिक प्रकाशन ने 'मेरी चर्चित कहानियाँ' के नाम से एक नई पुस्तक-माला का आयोजन किया है। मुझे बड़ा आश्चर्य हुआ कि प्रतिनिधि कहानियों के लिए जो दस कहानियाँ चुनीं, उनमें से सात 'चर्चित कहानियाँ' में आ चुकी हैं। यह मेरे सामने दूसरी चुनौती थी। क्या मैं लोकप्रियता को कसौटी बनाऊँ या नए सिरे से फिर अपनी कहानियों और उनकी रचना-प्रक्रिया का मंथन करके नई कहानियाँ चुनूँ। यह बहुत कठिन काम था क्योंकि ऐसा करने से मेरी कुछ अत्यंत महत्त्वपूर्ण कहानियाँ छूट रही थीं। पर मैंने निश्चय किया कि जो भी हो, मैं इस संग्रह में वे ही कहानियाँ संकलित करूँगा जो पुराने संग्रहों में नहीं आई हैं। पुराने संग्रहों से मेरा आशय है जो अब कहीं उपलब्ध नहीं हैं।

बहुत सोचने के बाद मैंने एक मानदंड तैयार किया। मैंने चौथे दशक में लिखना शुरू किया था और अब दसवें दशक तक लिख रहा हूँ, यानी सात दशक। प्रत्येक दशक में से मैंने अपने विचारों, युग के प्रभावों के अनुरूप, किसी दशक की एक और किसी दशक की दो कहानियाँ चुनीं। शोधकर्त्ताओं के लिए यह कहानियाँ इसलिए भी महत्त्वपूर्ण हो सकती हैं कि चौथे दशक की कहानी से दसवें दशक की कहानी तक, मैंने कोई प्रगति की है या नहीं। ऐसा नहीं कि ये कहानियाँ चर्चित नहीं हुई हैं, अपने-अपने समय में स्वीकृति मिली है और वे मेरी रचना-शैली और मान्यताओं का भी प्रमाण हैं।

चौथे दशक की मैंने 'बँटवारा' कहानी चुनी जो सन् 1938 में 'विशाल भारत' में प्रकाशित हुई थी और उस समय उसके संपादक थे श्री सच्चिदानंद हीरानंद वात्स्यायन 'अज्ञेय'। यह मेरी अनुभूत-सत्य कहानी है। यहाँ मैं एक बात और स्पष्ट कर देना चाहूँगा कि मेरी कहानियों का आधार ज्ञान नहीं, अनुभूति रहा है। भले ही कहानी-कला की दृष्टि से मैं अपनी उस अनुभूति को सही भाषा नहीं दे पाया हूँ। 'बँटवारा' मेरे अपने बुज़ुर्गों के परिवार-विभाजन की कहानी है। उसको मैंने बहुत पास से देखा है। इस कहानी पर अश्रुगलद् भावुकता का आरोप लगाया जा सकता है लेकिन अपने प्रारंभिक त्रासद जीवन का प्रभाव मुझ पर पड़ चुका था उससे मैं मुक्त नहीं हो सका। मैं अपनी माँ और अपने चाचा को किसी दूसरे रूप में चित्रित नहीं कर सकता था।

दूसरी कहानी है 'क्रांतिकारी', जो पाँचवें दशक की प्रतिनिधि कहानी है और इस बात को प्रमाणित करती है कि मैं राष्ट्रीय आंदोलन से किस सीमा तक प्रभावित हो चुका था। क्या ऐसा नहीं लगता कि मैं स्वयं वह बनना चाहता था जो उस कहानी का नायक बना। मूलतः यह कहानी भी सत्य घटना पर आधारित है। मैं स्वयं भी परोक्ष रूप से इस आंदोलन से जुड़ा रहा और उसका मूल्य भी चुकाया। 15 वर्ष की नौकरी से हाथ धोकर पंजाब छोड़ना पड़ा।

छठे दशक की दो कहानियाँ इस संग्रह में हैं 'पर्वत से भी ऊँचा' और 'ठेका'। 'पर्वत से भी ऊँचा' के पात्र से मेरी भेंट अपनी एक हिमालय यात्रा के दौरान हुई। उसकी अंतरतम की गहराई तक छू जाने वाली सहज सादगी और आस्था ने मुझे चकित और मुग्ध कर दिया। बहुत अद्‌भुत चरित्र मिले मुझे इन यात्राओं में पर वैसा सहज, सरल और दृढ़ आस्था वाला कोई नहीं मिला। वह मेरे तन-मन में समा गया और एक दिन अनायास ही कैलम की नोक पर उतर आया। यह कहानी मैंने नहीं लिखी। स्वयं उसी ने कही है। मेरे सैलानी जीवन का सर्वोत्तम प्रसाद है यह।

हमारे सामाजिक और राजनीतिक जीवन में व्याप्त भ्रष्टाचार के चित्र भी मैंने बहुत खींचे हैं। उनमें मेरी कहानी 'धरती अब भी घूम रही है' बहुत प्रसिद्ध हुई। देश-विदेश की अनेक भाषाओं में अनूदित भी हुई है लेकिन मेरे अग्रज सर्जकों और समीक्षकों ने उसे 'अश्रुगलद् भावुकता' से सराबोर मानकर अस्वीकृत कर दिया परंतु प्रकाशक का आग्रह था कि मैं उसे इस संग्रह में अवश्य लूँ। ले सकता था पर ले नहीं रहा क्योंकि उसी विषय पर लिखी यह 'ठेका' कहानी मेरे बहुत से मित्रों को अधिक सशक्त और प्रभावशाली लगी। मैंने भी अनुभव किया कि अपने सभी संभावित गुण-दोषों के बावजूद वह मेरी प्रतिनिधि रचना है। बहुत पास से देखा है मैंने ऐसे व्यक्तियों को।

सातवें दशक की भी दो कहानियाँ आ गई हैं 'पिचका हुआ केला और क्रान्ति' मेरी मानसिकता के अनुरूप है। ऐसे सैकड़ों दृश्य देखे हैं मैंने और सोचा है यह वर्ग-भेद क्यों है? उसी मानसिकता की प्रतीक है यह कहानी। उस पिचके केले को लेकर लड़ते देखा है मैंने अर्द्धनग्न भूखे पेट बच्चों को।

'चितकबरी बिल्ली' को अकहानी कहा जा सकता है या नहीं, मैं नहीं जानता। जब वह दृश्य मैंने और मेरी पत्नी ने देखा था और हम सोते-सोते जाग उठे थे तब मैं इसका अर्थ नहीं समझ पाया था लेकिन पशुजगत् की रति-प्रक्रिया पर एक पुस्तक पढ़ने पर पता लगा कि वह दो बिल्लियों का आक्रोश-भरा युद्ध युद्ध नहीं था बल्कि रति-प्रक्रिया का अंग था। पशु-पक्षियों को लेकर मैंने दो-चार ही कहानियाँ लिखी हैं, उन्हीं का प्रतिनिधित्व करती है यह कहानी।

आठवें दशक की कहानी 'एक मौत समंदर किनारे' एक ऐसी नारी की कहानी है जो जितनी सहज और सरल थी, उतनी ही मुक्त भी। कैसी भी बाधा उसे उसके मनचाहे मार्ग पर चलने से रोक नहीं सकती थी। दंभ, द्वेष, कटुता, ईर्ष्या से दूर वह बहुत स्नेहिल थी। वह कुशल अभिनेत्री थी पर रंगमंच की। जीवन के रंगमंच पर वह जीवन को मुक्त होकर जीती थी। मृत्यु-पथ पर जाने से भी उसे कोई रोक नहीं सका। नारी की स्वतंत्रता का मैं सदा पक्षधर रहा हूँ, उसी का प्रतीक है यह कहानी। इस नारी को भी बहुत पास से देखा था मैंने।

नवें दशक की दोनों कहानियाँ, 'एक और कुंती' और 'कैसी हो मरियम्मा' कम चर्चित नहीं हुईं। 'एक और कुंती' विभाजन की विभीषिका और हिंदू-मुस्लिम मानसिकता की प्रतीक है। वह इतनी मार्मिक है कि मैं उस पर टिप्पणी करना नहीं चाहूँगा। यह भी सत्य-कथा पर आधारित है। मुझसे अनुरोध किया गया था कि मैं इस नारी की त्रासदी को अपनी कहानी का विषय न बनाऊँ। 14 वर्ष तक मेरे अंतर में संघर्ष मचता रहा। अन्ततः वह तभी शांत हुआ जब मैंने इसे शब्द दे दिए।

'कैसी हो मरियम्मा' प्रेम-कहानी है। प्रेम-कहानियाँ मैंने लिखी हैं। उनका प्रतिनिधित्व करते हुए भी यह उनसे थोड़ी भिन्न है। मरियम्मा समाज, परिवार और पति सबसे प्रताड़ित होकर बसेरे की तलाश में है। जीवन जीने के लिए उसे ऊष्मा की तलाश है। ऊष्मा उसे मिलती है पर वह ऊष्मा को रिश्ते के बंधन में न बाँधकर मुक्त ही रहने देती है। नैतिकतावादी इस पर अनैतिकता का आरोप लगा सकते हैं पर मेरी दृष्टि में अनैतिक वह नहीं है, अनैतिक अगर कोई है तो समाज है और उसका पति है।

दसवें दशक की कहानी 'पाषाणी' एक मनोवैज्ञानिक कहानी है। मनोवैज्ञानिक कहानियाँ मैंने लिखी हैं पर बहुत कम, किंतु उनकी माँग निरंतर रही। लेकिन मैंने माँग पर प्रायः नहीं लिखीं। जो लिखीं वह न जाने कहाँ विलीन हो गईं।

'पाषाणी' की मूल घटना मेरे एक मित्र ने मुझे सुनाई थी। सुनाने का कोई उद्देश्य नहीं था पर मुझे लगा कि यह तो आधुनिका का सुंदर चित्र है। उसकी निरंकुशता को चुनौती मिलने पर कैसा तुमुलनाद उठा उसके अंतर में, उसके बिना जाने, बिना चाहे। और अंततः अनायास ही पिघल गई, यहाँ भी बिना चाहे, बिना जाने।

तो यह परिदृश्य है इन कहानियों का। मैंने यहाँ केवल इनकी कथा-वस्तु के उद्भव और विकास की चर्चा की है। भाषा-शैली और कथा-तत्त्व के संबंध में कुछ

कहने का अधिकार मेरा नहीं है, वह सुविधा समीक्षकों और पाठकों को है। मैं तो इतना ही कह सकता हूँ कि ये मेरी मानसिकता का प्रतिनिधित्व निश्चित रूप से करती हैं।

मैं असफल कहानीकार हो सकता हूँ पर जानबूझकर असत्य बोलने का साहस मैंने नहीं किया है। भले ही यह साहित्य का सत्य न हो जीवन का सत्य ज़रूर है। इस बड़बोलेपन के लिए मैं अपने पाठकों और समीक्षकों से क्षमा माँगता हूँ क्योंकि इसके पीछे दंभ नहीं है, बस सहज आत्म-स्वीकृति है।

एक बात और। प्रारंभ में मैंने अपनी कहानी-कला के बारे में समीक्षकों की राय का उल्लेख किया है। उसके पीछे कोई दुर्भावना नहीं है बल्कि वास्तविक स्थिति को स्पष्ट करना है। अपने साहित्यिक जीवन के अंतिम छोर पर पहुँचकर मैं स्वयं स्वीकार करता हूँ कि मैं न कालजयी रचना करने वाला सर्जक हूँ न युग-निर्माता, बल्कि साहित्य का अर्ज़ीनवीस हूँ। और वृहत्तर समाज में अर्ज़ीनवीस को चाहने वालों का भी एक बड़ा वर्ग होता है। ये कहानियाँ इस दृष्टि से भी महत्त्वपूर्ण हैं कि इनसे इस क्षेत्र में मेरी प्रगति और मेरे विकास का भी अध्ययन किया जा सकता है।

मैं एक बार फिर अपने प्रकाशक, अपने समीक्षकों और अपने पाठकों के प्रति कृतज्ञ हूँ जिन्होंने मुझे अपने मन की बात कहने का अवसर दिया। फिर भी यदि प्रकाशक मुझसे जो अपेक्षा रखते थे वह पूरी नहीं हुई हो तो वे उसे मेरी सीमा समझकर मुझे क्षमा कर दें।

अन्त में यह शेर उद्धृत करने की अनुमति चाहता हूँ—

मेरी क़लम की अदालत में मेरा ज़मीर है,
मेरी क़लम का सफ़र कभी रायगां नहीं जाएगा।

इसलिए मेरा वजूद जब तक है मैं नई चुनौतियों को स्वीकार करता हुआ निरंतर आगे और आगे बढ़ता रहूँगा, बिना मंज़िल की चिंता किए। फ़िराक गोरखपुरी के शेर में एक शब्द बदल कर कहना चाहूँगा—

न मंज़िल है न मंज़िल का पता है,
अदब[1] बस रास्ता ही रास्ता है।

विष्णु प्रभाकर

818 कुंडेवालान
अजमेरी गेट, दिल्ली-110006

1. मूल में 'अदब' के स्थान पर 'मोहब्बत' है।

क्रम

बँटवारा	15
क्रांतिकारी	22
पर्वत से भी ऊँचा	32
ठेका	37
पिचका हुआ केला और क्रांति	42
चितकबरी बिल्ली	47
एक मौत समंदर किनारे	51
एक और कुंती	62
पैड़ियों पर उठते पदचाप	77
पाषाणी	84

बँटवारा

नंदा जब से नए घर में आई है, उसका मन एक गहरे अवसाद से भरा रहता है। उसे लगता है, जैसे वह एक नई दुनिया में आ पहुँची है, जहाँ सब उसके परिचित होकर भी अपरिचित हैं। वह जानती है कि जिन्हें पीछे छोड़ आई है, वे केवल दो प्राणी हैं, देवर और देवरानी। देवर को उसने गोद में खिलाकर पाला है। आपद-विपद में वह माँ के समान उस पर छाई रही है। देवरानी को एक दिन अपनी बहू की तरह घर में लाई थी, जिसके ऊपर निछावर करने को उसने कुछ भी नहीं बचा रखा था। इन्हीं दो प्राणियों को पीछे छोड़कर, वह निपट खाली जान पड़ती है। उसके पति, पुत्र, पुत्रियाँ सदा की भाँति आज भी उसके साथ हैं, परंतु उनके कोलाहल में उसे जीवन नहीं मालूम देता। लगता है, जैसे सब दीवार के चित्र की तरह मौन नृत्य कर रहे हैं। भाव होते हैं, पर स्पंदन कहाँ होता है उन चित्रों में?

उसे इस घर में आए अभी एक सप्ताह ही हुआ है, परंतु मालूम होता है, जैसे युग बीत गए हैं, जैसे महाकाल ने सदा के लिए दोनों भाइयों को अलग कर दिया है। सहसा वह घर का काम करती-करती ठिठक जाती है। कोई चिरपरिचित स्वर सुनाई देता है, मानो कोई उसे पुकार रहा है, "भाभी!"

लेकिन अर्द्ध-चेतना की दशा भंग होती है, तो देखती है कि उसका छोटा लड़का गौरी खड़ा हुआ कह रहा है, "भाभी! सुना नहीं तुमने? स्कूल को देर हो गई। रोटी दो मुझे!" वह काँप उठती है। देवेन भी कभी ऐसे ही आकर पुकारता था। वही देवेन आज मुझसे अलग हो गया है। लेकिन यह ठीक ही हुआ। वह बुद्धिमान है, खूब कमाता है। इसीलिए कुछ दिन से यह बात उसके मस्तिष्क में समा रही थी कि कुटुंब का जीवन उसकी कमाई पर अवलंबित है, परंतु शासन करती हैं भाभी! और शायद यह भी सोचा था कि भाभी का परिवार बड़ा है। मूर्ख कहीं का! विवाह करते ही उसने अपने को परिवार से अलग कर लिया।

"मैंने अच्छा ही किया। कल को महाभारत मचता। रही-सही मुहब्बत भी मिट जाती। गलती मेरी भी है। वह जवान हो गया था, और मैं उसे निपट अजान बालक ही समझती रही। पर मैं क्या करूँ? मेरी आँखें तो उसी को देखती हैं, जो कभी स्कूल से पिटकर सिसकता हुआ आकर मेरी गोद में चिपट जाता था और सुबकियाँ लेता हुआ कहता था, "भाभी, मैं कल से स्कूल नहीं जाऊँगा! मुझे सबक याद नहीं होता!" उसके भाई क्रुद्ध होकर चिल्ला उठते, "सबक याद नहीं होता, हरामखोर! क्या कुलीगीरी

करेगा ?"

मैं कहती, "देखो जी, उसे गाली मत दो ! कुलीगीरी करेगा या कुछ भी करेगा, तुम्हारे आगे हाथ पसारने नहीं आएगा !"

वह माथा ठोक लेते । कहते, "तुम इसका सर्वनाश करके रहोगी !"

"लेकिन, भगवान् की माया कि वही सर्वनाशी बालक आज उनके कान काटता है ! वह उसके इशारों पर नाचते हैं । सारा व्यापार उसी के कंधों पर ठहरा है ।"

नंदा इसी तरह सोचती रहती है । आज भी सोच रही है । रात काफी बीत चुकी है, परंतु रामदास अभी तक मंदिर से नहीं लौटे । गौरी और शीला दोनों सो गए थे । छोटा बच्चा उसी के पास पलंग पर शांत, निश्चिंत नींद की परियों से खेल रहा था । वह कई क्षण उसे देखती रही । मानो बच्चे की निश्चिंतता ने माँ को बल दिया । वह मुग्ध हो उठी । सहसा तभी किसी ने द्वार खटखटाया । वह उठी, और किवाड़ खोले । देखा—सामने देवेन खड़ा है ।

अचकचाकर बोली, "अरे देवेन !····कैसे आया इस वक्त ?"

देवेन मुस्कराया । कहा, "अपने घर आने के लिए भी वक्त देखना होता है, यह आज जाना है, भाभी !"

नंदा अप्रतिभ हुई । कुछ बोली नहीं ।

तब देवेन ने पूछा, "भइया नहीं आए ?"

नंदा ने कहा, "दस बजे से पहले तो वह कभी नहीं लौटते ।"

देवेन यह जानता था, इसलिए चुप रहा ।

अब वे आग के पास आ बैठे थे । नंदा ने देखा, कोयले बुझ चले हैं । उन्हीं को इधर-उधर करके वह बोली, "उनसे कुछ काम था ?"

"हाँ ।"

"बहुत ज़रूरी ?"

देवेन ने अस्थिर होकर कहा, "भाभी, आज पहली तारीख है न !"

"हाँ !····तो ?"

"गोपाल को रुपए भेजने हैं ।"

"तो फिर ?"

"वही रुपए लाया हूँ !"

नंदा अचरज से भर आई । बोली, "रुपए लाया है ? क्या उन्होंने माँगे थे ?"

देवेन चौंका । बोला, "माँगते क्यों ? ये बीस रुपए मैं बराबर देता रहा हूँ ।"

नंदा बोली, "जानती हूँ, देवेन, तुम सदा बीस रुपए देते आए हो । पर वक्त क्या हमेशा एक-सा रहता है ? कल हम एक थे, आज अलग हैं । अब तेरे देने की बात नहीं उठती

देवेन हठात् काँप-सा उठा । क्षण-भर उसे ढूँढ़े शब्द भी नहीं मिले । फिर साहस

करके बोला, "यह तुमने क्या कहा, भाभी ! दुकान तो सदा दो रही हैं। घर बँट जाने से क्या हम भाई-भाई भी नहीं रहे ?"

नंदा तनिक भी नहीं झिझकी। बोली, "मैं यह कब कहती हूँ ! भाई का रिश्ता तो विधाता भी नहीं तोड़ सकता। परंतु बात यह नहीं है। जब साथ थे, तो दुनिया के लिए एक थे। तू तीन सौ कमाता था और वह तीस; परंतु दोनों पर मेरा एक-सा अधिकार था। लेकिन आज तेरे तीन सौ पर मेरा कोई अधिकार नहीं है। यह सीधी-सी बात है। इससे भाई-भाई का नाता नहीं टूट सकता !"

देवेन जानता है कि भाभी से बातों में कोई नहीं जीत सकता। परंतु ऐसा तर्क वह कर सकती है, यह उसने नहीं सोचा था। उसने फिर कहा, "भाभी, मेरी आमदनी पर तुम्हारा अधिकार न हो, पर गोपाल का तो है ! उसका चाचा तो मैं रहूँगा ही !"

कहते-कहते देवेन द्रवित हो आया।

नंदा के मर्म को भी इस बात ने छुआ। वह बोली, "गोपाल तेरा ही है, देवेन ! परंतु इसमे क्या होता है ! उसके पालन का जिम्मा तो हमारा है। हम यदि अपाहिज हों, तो तेरे देने की बात पैदा होती है, वरना नहीं। जब बहुत थे, तो बहुत खर्च करके अपना सिर ऊँचा रखा। आज कम हैं, तो क्या सिर झुकाना होगा ? नहीं, देवेन, भाभी के जीते-जी ऐसा नहीं होगा ? आज तुझसे लेंगे, तो कल को लौटाने की बात उठेगी। इतनी शक्ति क्या तेरे भैया में है ? नहीं ! जाने क्या हो ! भाई-भाई में जो प्यार बचा है, संभव है उसे भी खोना पड़े। तब दुनिया हँसेगी। इसीलिए कहती हूँ देवेन, तू लेने-देने की बात मत कर !"

देवेन व्यापार में पारंगत है, परंतु आज भाभी के सामने उसकी सदा-चेतन बुद्धि कुंठित हो चली। और कुछ कह सकने में असमर्थ वह बोल उठा, "तो जाऊँ, भाभी !"

"हाँ, अब जाना ही चाहिए ! रात बढ़ती आ रही है, और घर पर बहू अकेली है।"

देवेन बरबस उठा। उसकी आँखों में सहज ही पानी नहीं आता, पर आज जैसे वे खुलकर रोने को आतुर हो उठीं। लेकिन दुःख के साथ-साथ क्रोध भी उसे कम नहीं है। इसीलिए रुलाई रोककर किंचित् तीखे स्वर में उसने कहा, "भाभी, तुम्हारे दरवाज़े पर आकर आज मैं पहिली बार निराश लौटा हूँ। याद रखना, इस बात को भूलूँगा नहीं !" इतना कहकर वह चला गया।

भाभी नंदा हठात् चकित-सी उस अभेद्य अंधकार में दूर तक उसे देखती रही, फिर ज़ोर से किवाड़ बंद करती हुई बोली, "पगला कहीं का ! भाभी को कंगाल समझता है !"

धीरे-धीरे बात पुरानी पड़ गई। दुनिया भूल गई कि दीवान घराने के दोनों भाई कभी अलग हुए थे। ऐसा लगा, मानो वे सदा से ऐसे ही रहते आए हैं। काम-काज, सुख-दुःख में आना-जाना होने लगा। देवेन सदा की भाँति कमाने के लिए दिसावर जाता, और तब गौरी बहुत दिनों तक चाची के पास जाकर सोता।

एक दिन बड़े लड़के गोपाल ने कॉलेज की पढ़ाई समाप्त कर ली। उसे साइंस में विशेष योग्यता का प्रमाण-पत्र मिला। उसने माँ को लिख भेजा, "मैं डॉक्टरी पढ़ने जाऊँगा !"

नंदा ने गद्‌गद होकर अपने पति से कहा, "सुनते हो, गोपाल डॉक्टरी में जाना चाहता है !"

रामदास ने सुन लिया। उनका भी मन गद्‌गद हो उठा। परंतु मार्ग को रोककर जो बहुत बड़ा पत्थर उनके सामने पड़ा है, वह क्या सरलता से हटाया जा सकता है? इसीलिए कहा, "जाने के लिए मैं मना नहीं करता, परंतु पैसे के अभाव में काम कैसे चलेगा?"

नंदा बोली, "रुपए नहीं हैं, यह कहकर क्या लड़के की ज़िंदगी बिगाड़ी जा सकेगी ! पैसे जुटाने के लिए परमात्मा ने बुद्धि सभी को दी है !"

पुत्र का पक्ष लेकर नंदा ने पति पर जो चोट की उससे रामदास तनिक भी विचलित नहीं हुए। वह धर्मपरायण व्यक्ति की तरह मान बैठे हैं कि विधाता जो कुछ करते हैं, ठीक करते हैं। परंतु नंदा का विधाता पर इतना गहरा विश्वास नहीं है। इसीलिए वह धीमे पड़कर बोली, "एक बात मुझे सूझती है !"

"क्या?"

"मेरे पास जो गहने हैं, उन्हें बेच दीजिए ! उनसे लगभग दो हज़ार आपको मिल सकते हैं। बाकी आपकी दुकान है। उसे गिरवी रख दो। धीरे-धीरे छुड़ा लेंगे।"

रामदास सहसा चिहुँक उठे। कहा, "क्या कहते हो तुम !"

नंदा समझ गई कि दुकान की बात ने मर्म पर चोट की है। बोली, "और रास्ता ही क्या है?"

रामदास ने उसी तरह दुःखी मन से कहा, "मैं कुछ नहीं जानता। बाप-दादों की जायदाद को छूने का मुझे कोई अधिकार नहीं है !"

अब नंदा का नारीत्व जाग उठा। क्रुद्ध स्वर में बोली, "तो लड़के का गला घोंटकर मार डालने का अधिकार तो तुम्हें मिला होगा न? उसी को पूरा कर लो ! हाय रे भाग्य ! कैसे कुल में जन्म लिया उसने, जहाँ उसे जीने का हक भी नहीं है !"

लेकिन क्रोध में इतना कहकर दूसरे ही क्षण उसे अपने ऊपर ग्लानि हो आई। उसने देखा, रामदास बेबस-से उसे देखने लगे हैं। उसका मन छटपटा उठा। आखिर वह करें भी क्या? वह गोपाल के पिता हैं। उसका उज्ज्वल भविष्य उनके बुढ़ापे का एकमात्र अवलंब है। परंतु पैतृक संपत्ति की ममता उसकी समझ में ठीक-ठीक नहीं आई। उसने कुछ सोचकर धीरे से कहा, "तो एक काम करो !"

"क्या?"

"मैं देवेन को बुलाती हूँ। आप उससे कहना, 'दुकान रखकर मुझे रुपया दे दो !' इस प्रकार बाप-दादों की जायदाद कुटुंब से बाहर नहीं जाएगी !" और फिर उत्तर की

प्रतीक्षा किए बिना लड़के को पुकारा, "गौरी ! ओ गौरी ! जा, अपने चाचा को बुला ला ! कहना, भाभी बुला रही हैं अभी !"

लेकिन गौरी जाए कि देवेन आप-ही-आप उधर आ निकला।

बोला, "भाभी, सुना है, गोपाल डॉक्टरी पढ़ना चाहता है ?"

"हाँ, भइया, वही बात सोच रहे हैं !"

"बड़ी सुंदर बात है, भाभी ! भगवान् की कृपा से चार साल के बाद हमारे कुटुंब में भी एक बड़ा आदमी हो जाएगा।"

भाभी और भइया दोनों गद्‌गद हो आए।

भाभी बोलीं, "तेरे मुँह में घी-शक्कर, देवेन ! पर बात रुपए पर आकर अटक गई है। इसीलिए तुझे बुलाने भेज रही थी।"

देवेन हठात् चौंका, "मुझसे कुछ काम था ?···· कहो, भाभी !"

नंदा ने रामदास की ओर देखा, मानो कहा, "मेरा जो काम था, वह मैं कर चुकी ! अब आप कहो !"

रामदास को बेबस ही बोलना पड़ा। धीरे-धीरे अटक-अटककर कहा, "देवेन, गोपाल के लिए रुपए चाहिए, इसलिए तू मेरी दुकान गिरवी रख ले !"

देवेन ने सुन लिया। सुनकर सन्न-सा रह गया। वाणी अवरुद्ध हो उठी।

नंदा ने उसे देखा। वह समझ गई कि जिस व्यथा के कारण देवेन सन्न रह गया, वह आकस्मिक अधिक है। अतः समझाकर बोली, "देवेन, बात असल में इतनी है कि हम नहीं चाहते कि कल को दुनिया कहे कि माँ-बाप ने जायदाद के मोह में पड़कर औलाद का गला घोंट दिया। और फिर यह भी बुरा होगा कि बाप-दादा की जायदाद गैर लोगों के हाथ पड़े। इसलिए, तू उसे ले ले ! हम न भी छुड़ा सके तो अपने ही घर रहेगी !"

देवेन को अब वाणी मिली। बोला, "भाभी, तुम ठीक कहती हो ! ये व्यवहार की बातें हैं, और व्यवहार-कुशल आदमी बहुत दूर की सोचता है। परंतु कभी-कभी जो अपने सबसे पास है, उस पर उसकी दृष्टि नहीं पड़ती !"

नंदा नहीं समझी।

वह फिर बोला, "सोचूँगा, भाभी ! ऐसे कामों में जल्दी करना अच्छा नहीं होता !"

देवेन की इस बात से भाभी और भइया दोनों अनमने हो गए। सच तो यह है कि उन्हें यह स्वर अच्छा नहीं लगा।

देवेन चला गया।

नंदा की मुद्रा जटिल हो चली। प्रश्न हल करने का जो गुर उसने ढूँढ़ निकाला था, उसने तो प्रश्न को और भी जटिल कर दिया। लेकिन अब क्या करे ! तीर कमान से निकल चुका है।

उनका डर सच निकला। संध्या होते-होते देवेन ने कहला भेजा, "मैं दुकान न रख सकूँगा !"

तीन दिन बाद।

देवेन जब परदेश जाने की तैयारी कर रहा था, तो उसकी पत्नी विद्या घबराई हुई आई, बोली, "अजी, तुमने कुछ सुना ?"

"क्या ?"

"जिज्जीजी ने अपना सब जेवर बेच दिया।"

सुनकर सहज भाव से देवेन ने कहा, "जानता हूँ। भाभी गोपाल को डॉक्टरी पढ़ाने भेज रही हैं। जेवर का इससे अच्छा इस्तेमाल और क्या हो सकता है !"

विद्या उसी तरह बोली, "और आपके भइया ने अपनी दुकान उठा दी है। वह किसी के साथ कपड़े की दुकान खोल रहे हैं।"

अब देवेन चौंका। कहा, "यह किसने कहा तुमसे ?"

"शची की बहू ने ! उसी के मालिक के साथ तुम्हारे भइया ने साझा किया है। वे रुई का सौदा करने की बात सोच रहे हैं।"

देवेन अनमना हो गया। बोला, "भइया रुई का सौदा करेंगे ?"

"जी ! वह अब खूब रुपया कमाना चाहते हैं।"

"सचमुच ?"

न जाने क्या हुआ कि उसके हृदय में एक विचित्र घबराहट भर चली। उसका स्वर शिथिल होने लगा। वह शून्य में ताकता हुआ कहने लगा, "विद्या, भइया ने परसों मुझसे भी कहा था !"

उत्सुक विद्या बोली, "क्या कहा था ?"

"कि मैं उनकी दुकान लेकर उन्हें रुपया दे दूँ !"

"फिर ?"

"फिर क्या ! मैंने इनकार कर दिया।"

विद्या ने गहरी साँस ली। कहा, "ठीक तो किया ! सगे-संबंधियों से लेन-देन करना दुश्मनी पैदा करना है !"

"हाँ, विद्या ! भाभी ने एक दिन मुझसे यही बात कही थी ! उनकी बातें मैं खूब याद रखता हूँ। परंतु भइया धर्म-भीरु व्यक्ति हैं। वह सौदा करना क्या जानें !"

विद्या बोली, "औलाद का पालना भी तो धर्म है। गोपाल से जब इतनी आशा है, तो उसके लिए सब-कुछ करना होगा।"

देवेन अब मुस्करा उठा। कहने लगा, "ठीक है, विद्या ! आशा सब-कुछ करा लेती है। मैं व्यर्थ ही डर गया था। अच्छा, मैं भइया से मिल आऊँ। कल सवेरे ही हमें चले जाना है।"

और देवेन चला गया। तब विद्या का मन न जाने क्यों आप-ही-आप अंदर से उमड़ने लगा। वह अनमनी-सी सामान सहेजने लगी। सोचने लगी, "वह उदास हैं। जिज्जीजी का घर बिगड़ रहा है। मैं जा रही हूँ। सब-कुछ अजीब है। कहीं कोई तुक

नहीं है। न जाने क्या होने वाला है ?"

फिर धीरे-धीरे संध्या आ गई। उनका सामान बँध गया। देवेन लौट आया। विद्या ने देखा, उसके हाथ में एक कागज़ है। पूछा, "यह क्या है ?"

सरलता से देवेन ने कहा, "यह भइया की दुकान का कागज़ है !"

विद्या जैसे सिहर उठी। बोली, "क्या कहते हो !"

"ठीक कहता हूँ, विद्या ! मैंने भैया की दुकान ले ली है।" कहकर उसी तरह उस कागज़ के टुकड़े करने शुरू कर दिए।

विद्या हतबुद्धि बोली, "आप क्या कर रहे हैं ! आखिर..."

"सोचता हूँ कहीं पागल न हो जाऊँ ! इसीलिए उसके कारण को समूल मिटा देना चाहता हूँ।"

विद्या की समझ में खाक भी नहीं आया। उसी तरह घबराई-सी कहने लगी, "क्या कहते हैं आप ? इतने रुपए क्या यों ही फेंक दिए जाएँगे ?"

देवेन ने कहा, "नहीं विद्या, भाभी को जानता हूँ। उन्हीं की गोद में पलकर तो इतना बड़ा हो सका हूँ। रुपए होंगे, तो रोकेंगी नहीं। और जब देने आएँगी, तो मैं लौटाऊँगा भी नहीं ! ब्याज तक ले लूँगा ! व्यवहार की बात है ! इसमें नाते-रिश्ते बंधन नहीं बन सकेंगे !"

विद्या बोली, "मैं नहीं जानती कि यह सब क्या हो रहा है !"

देवेन अब हँस पड़ा। बोला, मैं भी नहीं जानता विद्या कि यह सब क्या हो रहा है ! उनसे जाकर जब मैंने कहा, "मैं दुकान लेने को तैयार हूँ, तो सच कहता हूँ, भाभी बोल सकने में एकदम असमर्थ नादान बालक की तरह रो पड़ीं ! विद्या, आज मैंने जीवन में पहिली बार भाभी को रोते देखा। मैं हँसता हूँ। तुम गुस्सा करती हो। करो, पर मैंने आज भाभी को रोते देख ही लिया।"

कहते-कहते देवेन उत्तेजित हो उठा। उसने कागज़ के खूब छोटे-छोटे टुकड़े किए और उन्हें आग में डालकर बोला, "सुनो विद्या, रुदन और हास्य का यह दृश्य यहीं समाप्त होता है ! प्रार्थना करता हूँ, समाप्ति का यह समाचार दुनिया तक न पहुँच सके !"

आगे उसकी वाणी रुक गई। मार्ग में आँसू अड़ आए थे।

(1938)

क्रांतिकारी

रामनाथ ने आज निश्चय कर लिया था, वह अब नहीं रुकेगा। वह अवश्य चला जाएगा। लेकिन रजनी···? नाम याद आते ही उसका निश्चय डगमगाने लगा। वह क्रुद्ध हो उठा—यह कैसी जड़ता है? जो जीवन-भर मौत से जूझता रहा है, जो अन्याय और अत्याचार के विरुद्ध जीवन की थाह लेना चाहता है, वह एक नारी के कारण अपनत्व को खोता जा रहा है। छिः! यह तो निरी कायरता है। मानता हूँ रजनी का कोई स्वार्थ नहीं है। वह सहज सहानुभूति के कारण मेरे प्रति करुण है। परंतु करुणा और सहानुभूति क्या जीवन के गुण हैं? ये तो जीवन के भार हैं···

उसी समय दरवाजे पर खड़खड़ाहट हुई। उसने सहज स्वर में कहा, "कौन?"

"मैं···।"

"रजनी···?"

वह चौंककर उठा, देखा—बढ़ई की असावधानी के कारण किवाड़ों में जो छिद्र रह गए हैं, उन्हीं में से होकर धवल प्रकाश की किरणें जाने कब की चुपचाप अंदर आ गई हैं। बाहर शांति को भंग करता हुआ धीमा कोलाहल फूट पड़ा है। नीचे सैर के शौकीन बाबुओं की पदचाप बार-बार पास आकर दूर चली जाती है। उसने किवाड़ खोल दिए। बदन में हलकी-सी सिहरन दौड़ गई। रजनी ने आकर चाय का गिलास और नाश्ते की प्लेट मेज पर रख दी और लौट चली। रामनाथ ने एक बार प्लेट को देखा, फिर रजनी को। बोला, "बेटी सुनो···।"

"जी।"

"मैं आज जाऊँगा।"

"जी, और···।"

"मैं अब नहीं रुक सकता।"

"आप रोज ही ऐसा कहते हैं।"

रामनाथ सहसा कुंठित हो उठे, बोले, "परंतु आज रोज की बात नहीं है। आज मैं जान चाहता हूँ।"

रजनी मुड़ी—"जाना चाहेंगे तो मैं रोकूँगी नहीं। कौन किसको रोक सका है? फिर भी···।"

"फिर भी क्या···?"

"यही कि यहाँ आपको क्या कष्ट है जिसको सहन करने में असमर्थ आप भाग जाने को आतुर हैं?"

अन्यमनस्क रामनाथ फिर झिझके, लेकिन दूसरे ही क्षण एक विचार उनके मस्तिष्क में उमड़ आया। वे बोले—"जिन्हें तुम कष्ट कहती हो उन्हीं के बीच में पलकर इतना बड़ा हो गया हूँ। उन्हीं का अभाव मुझे यहाँ खटकता है। लगता है, जो कुछ यहाँ है वह एक षड्यन्त्र है, इतना गहरा जितना मकड़ी का जाला, परंतु मैं मक्खी नहीं बनना चाहता।"

रजनी ने सुन लिया। सोचने लगी, इनकी बात पर हँसूँ या गुस्सा करूँ? दुनिया दुःख से भागती है, यह दुःखों की गोद में जाने के लिए आतुर हैं। कैसा आदमी है यह····।

और वह बिना कुछ कहे नीचे लौट गई।

रामनाथ कुर्सी पर बैठकर यंत्र-चालित-से चाय पीने लगे। पीते-पीते सोचने भी लगे। मनुष्य बहुधा जानबूझकर नहीं सोचता। विचार आप-ही-आप आकाश के बादलों की भाँति मस्तिष्क में उमड़ आते हैं। बादल सभी सजल होते हैं। जल के बिना बादल बादल नहीं होता। फिर भी एक धरती की छाती ठंडा करता है, दूसरा व्यर्थ ही सूरज की धूप और चाँद की चाँदनी को रोकता रहता है। इसी प्रकार विचार हैं। कुछ के कारण मनुष्य स्वयं आगे बढ़ता है और संसार भी। पर कुछ अड़ियल घोड़े की तरह गाड़ी को पीछे धकेलते रहते हैं। रामनाथ के मन में जो विचार अब उठ रहे थे वे अड़ियल घोड़े के समान थे। वह कभी का निश्चय कर चुके थे कि उन्हें जाना है। परंतु कब, यह वह नहीं जान पाते थे। जाने का प्रति क्षण आने पर देखते—किसी ने सामने आकर रास्ता रोक लिया है। रोकने वाले में शक्ति है, यह बात नहीं है। और शक्ति हो भी तो क्या वह ब्रिटिश सरकार से अधिक हो सकती है? पूरे तीस वर्ष से इस शक्तिशाली सरकार से लोहा ले रहे हैं। जीवन का कोई भी मोह, कोई भी कष्ट उन्हें त्रस्त नहीं कर सका। वह सदा नदी के प्रवाह के समान आगे बढ़े हैं। जिसने प्रवाह को रोका वह खुद ही तहस-नहस हो गया····

लेकिन तभी न जाने किसने आकर उनके कान में फुसफुसाया—तुम जाना नहीं चाहते, नहीं तो जाने वाले को किसने रोका है?

वह चिल्ला उठे—यह गलत है। मैं जाना चाहता हूँ····।

ठीक उसी समय निशिकांत बाहर से लौट आए। देखकर बोले—"दादा, चाय नहीं पी अब तक?"

रामनाथ चौंके, "पी रहा हूँ, निशिकांत।"

"पी रहे हो खूब, दादा। अभी से आँखें धोखा देंगी, ऐसी कल्पना भी मैं नहीं कर सकता। देखता हूँ, प्लेट में काजू और बादाम उसी तरह पड़े हैं। चाय ठण्डी होकर काली पड़ गई है।"

अचरज? रामनाथ का चेहरा कुछ खिंच चला। बोले—"जो कुछ तुम देख रहे हो वह ठीक है। मुझे मेवा खाने की आदत नहीं है।"

"तब··· ?"

"मैं यहाँ से जाना चाहता हूँ।"

निशिकांत मुस्कराया, "कहाँ जाएँगे आप ?"

"इतना बड़ा संसार क्या नष्ट हो गया ? इसी में पल कर इतना बड़ा हुआ हूँ।"

"संसार में सभी पलते हैं दादा, परंतु सभी को तो पुलिस आवारागर्दी में गिरफ्तार नहीं करती।"

"अपने विरोधियों को सभी लांछित करना चाहते हैं, फिर यदि सरकार मेरे विद्रोह को गुंडागर्दी बताती है तो अचरज क्या है। परंतु उनके कहने से क्या मैं आवारा हो सकता हूँ ?"

"नहीं हो सकते।"

"तो फिर··· ?"

"फिर यही दादा, इन वर्षों में दुनिया ने कितनी प्रगति कर ली है, यह आप भूल जाते हैं।"

विद्रूप से रामनाथ मुस्कराए, "प्रगति ? जिसने लोहार के घन बजाए हैं, वह सुनार की खट-खट को प्रगति कैसे मान सकता है ? मुझे राजनीतिक पार्टीबाजियों में विश्वास नहीं है। राजनीति का आरंभ आज़ादी के बाद होता है। गुलामी की एक ही पार्टी है 'विद्रोह'। एक ही धर्म है 'बगावत'। मैं क्रांति चाहता हूँ, और क्रांति रक्त माँगती है, सिद्धांत नहीं····।"—कहते-कहते रामनाथ तीव्र होने लगे। उनकी आँखें आरक्त हो गईं। नसों में रक्त का संचार हो आया। उन्होंने तीव्रता से कहा, "निशिकांत, मैं आज अवश्य जाऊँगा।"

निशिकांत ने धीरे से कहा, "आज ही जाइएगा।"

"हाँ, आज ही।"

"कहाँ का टिकट लाऊँ ?"

"टिकट ? मैं टिकट नहीं ले सकता। मेरे पास पैसा नहीं है। मैं पैदल जाऊँगा।'

निशिकांत ने गंभीर होकर कहा—"दादा ! आप तूफान की तरह सोचते हैं, परंतु तूफान नाश का प्रतीक है, निर्माण का नहीं।"

"ठीक है। मैं नाश ही चाहता हूँ। निर्माण नाश के बाद होता है, पहले नहीं।"

निशिकांत ने फिर कुछ नहीं कहा। कहे भी क्या ? जहाँ विचारों में विषमता है वहाँ तर्क है, और तर्क का कोई अंत नहीं होता। और फिर न जाने क्यों इस व्यक्ति से तर्क करते उन्हें दुःख होता है।

रजनी की हालत और भी विचित्र है और उसका कारण है।

सात दिन पहले की बात है।

रात गहरी होती आ रही थी और रजनी निशिकांत की बाट देखती रसोईघर में बैठी थी। तभी पैरों की चाप उसने सुनी। सोचा, वह लौट आए हैं। पर यह क्या ? वह

अकेले नहीं जान पड़ते। सोचने लगी, इतनी रात को कौन आया? तभी निशिकांत ने आकर कहा, "रजनी, खाना रखा है क्या?"

"नहीं तो, क्यों?"

"मेरे साथ एक आदमी है।"

"बना दूँ··· ?'

"हाँ, हाँ, बना दो। बेचारे भूखे हैं।"

"अभी बनाती हूँ जी।"

और खाना खिलाते समय उस आदमी को देखकर रजनी चौंक उठी—ऐसे खाता है जैसे कभी इनसानों में नहीं रहा। कपड़े फटे हुए हैं। आँखों से वहशीपन टपकता है। बोलता है तो मानो लड़ता हो।

"कौन है यह?"—रजनी ने एकांत पाकर निशिकांत से पूछा।

"एक क्रांतिकारी।"

"कांग्रेसी?"

"नहीं, रजनी! कांग्रेसी नहीं है। बहुत पुराना विद्रोही है। तीस वर्ष से लगभग जेल में ही रह रहा हूँ।"

रजनी काँप उठी—"तीस वर्ष, जेल में?"

"हाँ रजनी! सरकार छोड़ना नहीं चाहती। एक बार भागकर विदेश घूम आया है। फिर पकड़ा गया। कांग्रेस राज्य के समय छूट गया था, परंतु उसके समाप्त होते ही फिर जेल में बुला लिया गया।"

रजनी करुणा से भर उठी, "बेचारे के घरवाले क्या कहते होंगे।"

निशिकांत मुस्कराया, "यही अच्छा है, उसके घरवाले नहीं हैं।"

"नहीं हैं—क्या कहते हो? आखिर माँ, बाप, स्त्री··· ?"

"ना रजनी, कोई भी नहीं है। पहली बार उसने बगावत की तो केवल बीस वर्ष का था। पिता एक सरकारी दफ्तर में हेडक्लर्क थे। सुना तो बेटे को त्याग दिया। आजकल के-से दिन नहीं थे। बगावत का नाम मौत था। हाँ, माँ बहुत रोई-चिल्लाई। समझाया। एक बार पकड़कर घर भी ले गई। पर यह मौका पाकर फिर निकल भागे। सुना, उसके बाद माँ-बाप से कहा-सुनी हो गई। माँ ने अनशन करके प्राण त्याग दिए।'

"हाय··· ?"

"और माँ के प्राण-त्याग की बात सुनकर ये अत्यंत प्रसन्न हुए, इन्हें मुक्ति मिली।"

रजनी नारी थी। छाती में दरार पैदा हो गई। उसी से होकर करुणा और सहानुभूति का अजस्र प्रवाह बहने लगा। रात को सोने के लिए उसने नया बिछौना, नई चादर, नया तकिया निकाला। ऐसे बिछाने लगी जैसे अपने प्यारे बच्चे को सुलाना चाहती हो। अभी उसकी गोद भरी नहीं थी, पर अनजाने में अज्ञात शिशु उसकी छाती

को घेरे पड़ा था। उसी में आकर अनायास ही इस बूढ़े बालक ने अपना घर बनाना शुरू कर दिया तो उसे तनिक भी दुख नहीं हुआ। उलटे वह एक अज्ञात गौरव से भर उठी। उसने अपने पति से कहा—"देश के लिए इन्होंने सब कुछ त्याग दिया। ऐसे ही तपस्वियों के बल पर भारत आजाद होगा।'

निशिकांत बोले—"सो तो है ही।"

"पर ये अब जाएँगे कहाँ?"

"कुछ पता नहीं।"

"आपको कैसे मिले?"

"शायद कहीं मेरा नाम सुना होगा। पूछते-पूछते चले आए।"

"और कोई नहीं जानता इन्हें?"

निशिकांत फिर मुस्कराए, "दुनिया सदा ऊँचा सुनती है, रजनी। जो शोर नहीं मचा सकते, उनकी बात वह नहीं सुन पाती। और तुम जानती हो, शोर मचाना भी एक कला है, जो इनको नहीं आती।"

"ठीक है जी। जो चुपचाप काम करते हैं उन्हें कोई नहीं पूछता।"

"पर रजनी, इनके साथ एक बात और है। सदा जेल में रहे हैं। जनता से कभी वास्ता नहीं पड़ा। इस बीच संसार कहीं से कहीं पहुँच गया। इनके विचार, साधन सभी पुराने हो गए हैं। दुनिया उन्हें भूल गई है। इसलिए भी इनकी ओर किसी का ध्यान नहीं जाता···।"

रजनी को नींद आ रही थी। सुनते-सुनते वह सो गई। परंतु अचानक ही जिस व्यक्ति ने उसके वात्सल्य को जगा दिया था वह स्वप्न में भी उसका पीछा न छोड़ सका। देर तक उसी को लेकर उसका मन खिलवाड़ करता रहा। इसी बीच अचानक उसकी आँखें खुल गईं। देखा, चारों ओर अंधकार है—सन्नाटा है। केवल निशिकांत कभी-कभी कुनमुन-कुनमुन कर उठता है। कभी-कभी दूर कुत्ते भूँक उठते हैं, परंतु यह कैसा शब्द है? कोई धीरे-धीरे रह-रहकर सुबक उठता है। वह भय से काँपने लगी—कौन रोता है ऐसे···पर शब्द दूर नहीं था। शांत होकर सुना, बराबर के कमरे में···बराबर के कमरे में तो वे सोये हैं। तो क्या···? वह उठी, शीघ्रता से निशिकांत को झकझोरा—"सुनिए, सुनिए जी।"

निशिकांत नींद में गुर्राए—"क्या है?"

"अजी, सुनिए तो···।"

चौंक कर उठा। अँधेरे में आँख फाड़कर बोला—"कौन?"

"मैं···।"

"रजनी? क्यों?"

"अजी वह रो रहे हैं।"

"रो रहे हैं? कौन?"

"वह···।"

"रामनाथ बाबू?"

"जी।'

निशिकांत की नींद दूर हो गई। लालटेन जलाकर उसने पूछा—"क्या बात है?"

रजनी बोली, "कुछ पता नहीं। शायद बीमार हों।"

"तो देखूँ जाकर?"

"हाँ, देखना तो चाहिए!'

निशिकांत उठा, किवाड़ खोले। रोने का स्वर अब भी आ रहा था। क्षण-क्षण में कोई सुबक उठता था। अचरज से भरकर निशिकांत कुछ देर उसी तरह खड़ा रहा, फिर उसने साहस करके किवाड़ थपथपाए···।

अंदर एकदम शांति छा गई।

"रामनाथ बाबू···?"

कोई नहीं बोला।

"रामनाथ बाबू···?"

अब वह बोले, "जी।" स्वर संयत था। किवाड़ खोलकर पूछा, "क्या बात है?"

निशिकांत झिझका। फिर बोला, "सोते-सोते वह चौंक पड़ी। ऐसा मालूम हुआ, कोई रोता है।"

"रोता है? कौन?"

"यही तो देखना है।"

अँधेरे में क्या भाव चेहरे पर आए, कुछ पता नहीं लगा। लेकिन कहा उन्होंने यही—"शायद कोई पास के मकान में रो रहा हो।"

"शायद, पर ऐसा भ्रम हुआ जैसे आप···।"

वह ज़ोर से हँस पड़े—"मैं? मैं क्यों रोऊँगा निशिकांत बाबू? मैं तो गहरी नींद में सो रहा था। आपकी पत्नी को भ्रम हुआ है।"

"शायद,"—वह हतबुद्धि-से लौटने लगे, "क्षमा करिए, आपको व्यर्थ जगाया।"

वह उसी तरह से बोले, "कोई बात नहीं है। केवल गलतफहमी के कारण ही ऐसा हुआ है।"

और बात वहीं समाप्त हो गई। निशिकांत ने सोचा—अपने को छिपाने की कला में आदमी कितना अभ्यस्त हो गया है!

रजनी ने सोचा—ये लोग भी कितना झूठ बोलते हैं! छल और झूठ। हाय रे भाग्य! आदमी इनसे कहीं भी नहीं बच सका। स्वर्ग में उनका अभाव नहीं है। 'मेरी पीड़ा प्रकट न हो'—यह यत्न करने में छल और झूठ अनायास ही पुण्यात्मा के अस्त्र बन जाते हैं। कैसी घोर विडंबना है, पर रजनी अब भी सोचती है—वह रोये क्यों?

परंतु इससे भी बढ़कर रजनी को उस दिन आश्चर्य हुआ, जब रामनाथ बाबू ने

स्वयं स्वीकार किया, वह रोए थे। तब तक उनका अजनबीपन दूर हो चुका था और इस दम्पति के अपनत्व के सामने वह झुकते जा रहे थे। वह तब धूप में बैठे रजनी को अपने बीते जीवन के संस्मरण सुनाने में लगे थे। अवस्था की दृष्टि से रजनी को बेटी कहते थे। माँ की बात सुनाते-सुनाते अचानक बीच में बोल उठे, "उस रात बेटी, मैं सचमुच रोया था।"

रजनी बोली—"मैं जानती हूँ।"

"सोचा होगा, कैसे पागल हैं ?"

"पागल नहीं, झूठा।"

रामनाथ खुलकर हँसे, "सचमुच मैंने झूठ बोला था।"

"क्यों ?"

"क्योंकि मैं अपनी कायरता स्वीकार नहीं करना चाहता था।"

"कायरता··· ?"

"हाँ, रोने वाले कायर होते हैं।"

"पर आप रोये क्यों थे ?"

"माँ की याद आ गई थी, बेटी। बचपन में वह इसी तरह मेरे लिए साफ बिस्तर बिछाया करती थी। चादर पर एक भी दाग लग जाता था तो मैं उसे फेंक देता था। याद नहीं पड़ता कभी तकिए का एक गिलाफ दूसरी रात मेरे तकिए पर रहा हो। तीस वर्ष पहले के वे दिन उस रात मेरे सामने आ खड़े हुए। ऐसा लगा मानो माँ ने बिस्तर बिछाकर पुकारा हो—'रामू ! सोएगा नहीं रे ? सवेरे कॉलेज जाना होगा···।' उस जमाने की बात। कॉलेज जाना श्रीवृद्धि और ऐश्वर्य का मुक्त द्वार था। यही आशा लगाकर माँ-बाप ने मुझे कॉलेज भेजा था। इसी आशा पर उनका प्यार-दुलार मुक्त होकर बह रहा था। पर हाय रे भाग्य ! एक दिन चुपके से आकर बैमाता ने मेरे माँ-बाप का स्वप्न भंग कर दिया। उनका बेटा इंडियन सिविल सर्विस में न जाकर भारत माँ की सेवा में जा पहुँचा। शब्द के अर्थ में कोई भेद नहीं था। भेद था केवल अर्थ की प्राप्ति में। इस प्राप्ति के प्रश्न को लेकर मेरे जीवन की दिशा पलट गई। पिता ने देखा, क्रुद्ध हो उठे। बोले—'तूने मेरी नाक काटी है, मैं तेरा मुँह नहीं देखना चाहता।'

"मैंने कहा—'पिताजी, आपकी नाक जहाँ है वहीं रहेगी, पर अपना मुँह दिखाने मैं आपके घर नहीं आऊँगा।'

"माँ काँप उठी—'क्या कहता है तू ? पिता की प्रतिष्ठा धूल में मिलाना ही आजकल की संतान का पेशा है ?'

"मैंने कहा—'माँ ! पिता की प्रतिष्ठा धूल में मिलाकर भी मैं देश की प्रतिष्ठा बचा सका तो सौदा सस्ता ही होगा।'

"माँ नहीं समझी, रो पड़ी। न जाने हिंदुस्तानी माँ के ये आँसू कब रुकेंगे ? जिस दिन रुकेंगे उसी दिन भारत आज़ाद होगा, उससे पहले नहीं। उस रात मैंने वे आँसू फिर

देखे। लक्ष्मण रेखा के समान इन्हीं आँसुओं की लाग देकर माँ मुझे बाँधना चाहती थी, पर बाँध न सकी। रावण का नाश जो होना था। पर बेटी, उस दिन और आज के दिन में एक अंतर है। तब मेरी धमनियों का रक्त जितना गरम था आज उतना नहीं है। उत्साह होकर भी उसका आधार-स्तंभ ढीला पड़ गया है। न जाने क्यों अपने को निर्बल महसूस करता हूँ? जेल लाँघकर मैंने देश छाना है। वर्षों अधिकारियों के लिए भूत बनकर उनकी नींद हराम की है। पर आज… ?"

सहसा रामनाथ उद्विग्न हो उठे। आँखें आरक्त हो आईं। मुख तमतमा गया—"नहीं। मैं अब भी सशक्त हूँ। मेरा ध्येय मुझे भूला नहीं है। मैं मोहजाल में फँसकर कायर नहीं बन सकता… ।"

रजनी चौंकी, कुछ दुखी भी हुई। बोली, "आपको दुःख हुआ, क्षमा कर दीजिए। आप देश के गौरव हैं, भले ही आपका नाम कोई न जानता हो। आपको रोक रखने की हम लोगों की कतई इच्छा नहीं है।"

रामनाथ को अपनी गलती महसूस हुई, लज्जित हो उठे। कहा, "नहीं बेटी! गलती मेरी है। सड़क का भिखारी ऐश्वर्य की गोद में रोने के अतिरिक्त और कुछ नहीं कर सकता। आशा से अधिक जिसे मिल जाता है वह मस्तिष्क का संतुलन खो बैठता है। जो स्नेह स्वप्न बन गया था वही जब साकार होकर सामने आ गया तो मैं कायर बन चला। पर बेटी, मैं अब जाना चाहता हूँ।"

रजनी बोली, "विश्वास रखिए, हम आपको बाँधना नहीं चाहते। परंतु इस प्रकार भी क्या जीवन बिताया जा सकता है? अराजकता के दिन अब नहीं ह। कुछ दिन हम लोगों के पास रहिए। देश आपका है। आप किसी पर भार बनने की बात क्यों सोचते हैं?"

रामनाथ द्रवित होने लगे, कहा, "रजनी बेटी! तुम्हें देखकर माँ की याद आ जाती है। ऐसा लगता है, तुम्हारे रूप में माँ जन्म लेकर फिर से मेरी देखभाल करने आ गई है। ऐसा नहीं होता तो कैसे उस रात मैं निशिकांत को ढूँढ़ पाता? उनके लेख पढ़े थे। लगा, आकाश विस्तृत है, इसलिए चला आया। देखता हूँ, उस विस्तृत आकाश के अतिरिक्त यहाँ विशाल धरती भी है। इसी आकाश और धरती की मिलन छाया के नीचे जीवन-संध्या के कुछ दिन बिता सकने का लोभ मुझे बार-बार हो आता है।"

रजनी मुस्कराई, "तो उस लोभ को त्यागिए नहीं। कुछ दिन यहाँ जरूर रहिए।"

रामनाथ फिर असमंजस में पड़ गए। कुछ क्षण सोचते रहे, फिर बोले, "देखता हूँ, यह लोभ त्यागा नहीं जा सकेगा। मैं भाग नहीं सकूँगा… ।"

रजनी गद्‌गद हो उठी, जैसे मनचाहा वर मिला। निशिकांत के लौटते ही उसने कहा :

"सुनिए, ये अब यहीं रहेंगे।"

"सच?"

"हाँ। आज उन्होंने पहली बार स्वीकार किया है वह रहना चाहते हैं।'

निशिकांत प्रसन्न हुआ, बोला, "यह शुभ है रजनी। कुछ दिन यहाँ टिककर रहेंगे तो जीवन पर विचार करने का अवसर मिलेगा।"

"जी। पर आप उनके लिए कपड़ों का प्रबंध कर दीजिए। इनके पास कुछ नहीं है। और भी ज़रूरी चीजें…।"

"ज़रूर करूँगा। आते समय भंडार से कपड़ा लेता आऊँगा।"

"और देखिए, यह पढ़े-लिखे आदमी हैं, चाहें तो ट्यूशन कर सकते हैं। स्वाभिमानी आदमी दूसरे का अन्न खाना ठीक नहीं समझते। इनको ऐसा महसूस नहीं होने देना चाहिए कि यह हम लोगों पर निर्भर हैं।"

निशिकांत प्रभावित होकर बोले, "रजनी, बात तुमने पते की कही है। मैं अवश्य इसका भी प्रबंध करूँगा।"

और सचमुच अगले दिन निशिकांत जब दफ्तर से लौटे तो बहुत-सा कपड़ा और कुछ अन्य ज़रूरी सामान बगल में दाबे हुए थे। आकर बोले, "लो भाई, दादा का सामान ले आया हूँ। कहाँ हैं वह? दरजी भी आ गया है।"

रजनी देखकर हँसी, "ले आए, बड़ा अच्छा किया। दादा ऊपर बैठे होंगे। आज तमाम दिन बड़े प्रसन्न रहे। कहते थे…।"

निशिकांत ऊपर चले गए। रजनी सामान सँभालने लगी। लेकिन उसी क्षण ऊपर से निशिकांत ने पुकारा, "अरे भाई, वह यहाँ नहीं हैं।"

रजनी चौंकी, "नहीं हैं? वहीं तो थे।"

"बाज़ार तो नहीं गए?"

"मुझसे तो नहीं कहा। मैं जब आई थी तो पढ़ रहे थे।" और कहती-कहती वह भी ऊपर चली गई। देखा—कमरा सूना पड़ा है। किताब उलटी रखी है। सब सामान यथास्थान है, केवल उनके पहनने की धोती अरगनी पर नहीं है।

"मन कैसा चोर है? क्षण-भर में सब-कुछ देख डाला। बोली, "कहाँ गए? बिना कहे तो वह हिलते भी नहीं।"

"हो सकता है तुमने सुना न हो।"

"शायद! तो अभी आ जाएँगे, आप दरजी से कह दीजिए कि…।" तभी उसकी दृष्टि पलंग पर पड़ी। तकिए के नीचे एक कागज़ रखा था। झपटकर उसे उठा लिया। रामनाथ ने उसमें लिखा था :

'तुम लोगों ने मुझ पर जो अपने निष्पाप हृदय का स्नेह उँडेला है उसका बदला सहस्र जन्म लेने पर भी चुकाना असंभव है। सोचा था जीवन के अंतिम दिन तुम लोगों के स्नेह-वट की छाया में बिता दूँ, पर मनुष्य का सोचना क्या स्वतंत्र है? बंदिनी माँ की मुक्ति के लिए जन्मदात्री का वध मैं कर चुका हूँ। सोचता हूँ किसी दिन तुम लोगों के प्रति भी मुझे कृतघ्न न बनना पड़े। इसीलिए आज जा रहा हूँ। विश्वास रखिए, मैं जीवन

में आस्था रखता हूँ। मरते दम तक जीऊँगा। हाँ, एक बात तुमसे कहता हूँ। प्रेम का जो स्फटिक सोता तुम लोगों के हृदय में बहता है उसे कभी न सूखने देना। सारा संसार उसी का प्यासा है। मैं भाग्यशाली था जो उस सोते का पानी पी सका। अकेला ही सारा पी जाऊँ—इतना स्वार्थी मैं नहीं होना चाहता।

तुम लोगों का
रामनाथ"

पढ़ लिया तो कागज़ हाथ से छूटकर गिर पड़ा—बस।

पर्वत से भी ऊँचा

विष्णुप्रयाग की थका देने वाली उतराई और चढ़ाई के बाद जब मैं घाटी में बसी बल्दौड़ा चट्टी पर पहुँचा, तभी वह भी बद्रीनाथ से लौटता हुआ वहाँ आकर रुका। उस समय दिन के ग्यारह बज चुके थे और आसमान साफ था। मेरे सामने चारों ओर ऊँचे-ऊँचे भूधर रात की शुभ्र-स्वच्छ हिम को मस्तक पर धारण किए, अनंत संपदा के गर्वोन्मत्त स्वामी की तरह, अहंकार की मुस्कान से सज्जित अनंत की ओर निहार रहे थे। नीचे अलख जगाती हुई हर्षोन्मत्त अलखनंदा, विष्णुगंगा के आत्मसमर्पण को स्वीकार करने पागलों की भाँति भागी जा रही थी। प्रकृति की इस विशालता और महानता ने तब मुझे अभिभूत कर लिया। मैं उस क्षण सब-कुछ भूलकर अपने बहुमूल्य दूरवीक्षण यंत्र द्वारा देवदार और ओक के वृक्षों के परे, सुगंध और शक्ति को नाभि में छिपाए रखने वाले कस्तूरा को खोजने लगा। कुछ क्षण पूर्व दाई (बोझा ढोने वाला) ने मुझे बताया था—"भालू और कस्तूरा, और कभी-कभी बाघ भी उस पार नीचे तक उतर आते हैं। तब साहब लोग उनका शिकार करते हैं।"

यद्यपि तब उनके आने की कोई संभावना नहीं थी, तो भी मुझे लगा कि हो सकता है वृक्षों की छाया में कोई कस्तूरा मेरी तरह साँस लेने रुक गया हो, पर मैं यंत्र का उपयोग पूरी तरह कर भी न पाया था कि वह तंग घाटी अनेक व्यक्तियों के मुक्त अट्टहास से गूँज उठी। चकित होकर मैंने उस दिशा में देखा। एक दाई ने खिलखिलाते हुए कहा, "सुना, बाबूजी!"

"क्या?"

"यह बाबा कहते हैं, दर्शन तो हो गए, पर अब घर कैसे पहुँचें?"

तब मेरी दृष्टि हँसी के पात्र उस बाबा पर गई। देखा—एक क्षीणकाय वृद्ध है, जिसका पतला मुख क्षीर के समान श्वेत बालों से ढका हुआ है परंतु उनके बीच में झाँकते हुए उसके दोनों नयन अमित विश्वास से पूर्ण हैं। उसके पैर लड़खड़ाते हैं। उसने एक मैली धोती और कंधे की ओर लगने वाले बटनों का एक कुरता पहना था, जिसके भीतर से निकलता हुआ जनेऊ उसके द्विजत्व का साक्षी है। उसकी कुल संपत्ति में एक लाठी, एक कंबल तथा एक वैसी ही मैली धोती की गणना की जा सकती है।

मैं अपना निरीक्षण पूर्ण करूँ, इससे पूर्व चट्टी के एक दुकानदार ने पूछा, "क्यों बाबा, क्या बात है?"

बाबा ने उत्तर दिया, "भूखा हूँ, चला नहीं जाता।"

"भूखे हो तो रोटी बना लो।"

"कैसे बना लूँ ?"

"क्यों ? आँट में कुछ नहीं है ?"

बाबा ने नहीं सुना। जान पड़ा, वह बहरा भी है। प्रश्न के ज़ोर से दोहराए जाने पर उसने बताया कि उसके पास कुछ नहीं है।

"जान पड़ता है, बाबा ! तुम पंडों के चक्कर में पड़ गए थे। बड़े दुष्ट होते हैं ये लोग। सब-कुछ छीन लेते हैं।"

बाबा ने बधिर के-से उसी शांत भाव से कहा, "पंडे ने कुछ नहीं छीना। उसे तो बस आधा सेर आटा दिया। मेरे पास वही था।"

फिर एक अट्टहास उठा जिसमें बाबा ने भी योग दिया। एक दुकानदार को शायद बाबा के भोलेपन पर कुछ दया आई। वह उठा और एक तसले में पाव-भर आटा और नमक ले आया। बोला, "लो बाबा, आटा मथो और इस भट्ठी पर रोटी बना लो। तवा यह पड़ा है।"

उस क्षण बाबा के लड़खड़ाते हुए पैर और भी लड़खड़ाने लगे। नयनों में तरलता चमक उठी पर उसके बाद उसमें जो स्फूर्ति उमड़ी वह अलखनंदा के लिए स्पर्द्धा के योग्य हो सकती है। देखते-देखते उसने आटा मथा और उसकी दो मोटी रोटी बनाईं। एक रोटी को तवे पर डाला, पलटा और फिर भट्ठी में डाल दिया।

आसपास के व्यक्तियों ने यह सब देखा और हँसते हुए कहा, "बाबा ! ऐसे बेसबरे मत बनो। रोटी कच्ची है।"

बहरे बाबा और भी बहरे हो गए। कुछ ही क्षणों में उसने दोनों रोटियाँ भट्ठी से निकालकर फिर तसले में रखीं। फिर नल पर जाकर हाथ-पैर धोए और अंत में तसले को लेकर मेरे पास ही उस तंग और नीची काली दीवारों वाली चट्टी में आ बैठा। दो क्षण मौन रहा, संभवतः तब वह अन्नपूर्णा का स्मरण कर रहा था। उसकी मुद्रा बता रही थी कि क्षुधा उसे क्रूरता से पुकार रही है और वे क्षण युग बन चले हैं। किसी तरह वे बीते और उसके बाद उसने कच्ची-पक्की रोटी को मसल-मसलकर निगलना शुरू किया।

दाई ने फिर मजाक करते हुए कहा, "बेसबरे बाबा ! रोटी कच्ची है।"

बाबा ने अब मुस्कराकर गरदन उठाई और बोला, "रोटियाँ कच्ची नहीं हैं, मैं तो घर भी ऐसी बनवाता हूँ। मेरे दाँत कहाँ हैं जिनसे करारी रोटियाँ चबाऊँ ?"

"बाबा, साग लोगे ?" दूसरे ने ठिठोली की।

"नमक पड़ा है।" बाबा ने शांत भाव से हाथ हिलाते हुए कहा।

मैं अब तक चुप था, परंतु मेरे नयन उसकी प्रत्येक गतिविधि का निरीक्षण कर रहे थे। वह कैसे तसले में पड़ी हुई रोटी को तोड़ता और निगलता, कैसे रोटी का कच्चा-पक्का ग्रास गले में अटकता हुआ उतरता, फिर कैसे वह हिचकी लेता।

किसी ने फिर कहा, "बाबा मरेगा।"

दूसरा कुछ घृणा से बोला, "अरे, यूँ ही माँगता-खाता चला जाएगा। ऐसे दंभियों को मौत नहीं आती।"

मैंने एक बार उस व्यक्ति को देखा और फिर बाबा को। कहने वाला संपन्न व्यक्ति था। वह उस श्रेणी का था, जो कहीं भी हो, नियम से दिन में चार बार खाते हैं। जिनके आगे-पीछे नौकर घूमा करते हैं। उस पर भी वे श्रम के भार से पिसते रहते हैं। उनके लिए बाबा की जाति के नर-कंकाल, जो केवल श्रद्धा के बल पर बीहड़ वनों, विकराल नदियों और भयानक पथरीले मार्गों को पार कर जाते हैं, दंभी और पाखंडी ही होते हैं।

कुछ अच्छा नहीं लगा। क्या बाबा सचमुच दंभी हैं? मेरी दृष्टि फिर उस पर जा ठहरी। वह रोटियाँ निगलकर फिर नल की ओर जा रहा था। उसके पैर पूर्वतः लड़खड़ा रहे थे। कौन जाने, वे कहाँ जवाब दे दें? उसे अभी सैकड़ों मील चलना है। शीत बढ़ रहा है और गिरिशृंगों का हिम भी दिग्विजय के लिए निकल पड़ा है। परंतु उसके पास कोई गरम कपड़ा नहीं है? क्या इसके घर कोई नहीं है? क्या कहीं दूर ग्राम में बैठी इसकी वृद्धा पत्नी, इसके पुत्र-पौत्र, कोई इसकी राह नहीं देखता, कोई इसे याद नहीं करता?.... सहसा मुझे अपने घर की याद आ गई। मेरी पत्नी ने लिखा था, "मुन्ना आपकी याद में पागल हो रहा है। वह आपके कमरे में जाता है और प्रत्येक वस्तु को उठाकर कहता है, यह मेरे पिताजी की है, मुझे ताँगे में बिठाकर पिताजी के पास ले चलो...."

तब मेरे नयन भर आए और मेरे मन ने कहा—इस बाबा को भी कोई याद करता होगा। इसे घर पहुँचना ही चाहिए। मैं इसकी सहायता करूँगा। पंडे-पुजारियों को पैसे देता हूँ। पत्थर के देवता पर चढ़ावे चढ़ाता हूँ, फिर हाड़-मांस के इस पुतले को कैसे भुला दूँ? मेरे-जैसे भावुकों की भावना पर डकैती डालने के लिए, जिन लोगों ने स्थान-स्थान पर मठ-मंदिर और मूर्तियाँ स्थापित की हैं पाखंडी वे हैं, बाबा तो....

तभी सहसा मेरा ध्यान भंग हो गया। देखा—बाबा मेरे सामने वाली बेंच पर आ बैठा है और एक बीड़ी सुलगाने का प्रयत्न कर रहा है। मैंने यंत्रवत् उससे पूछ लिया, "बाबा, कहाँ रहते हो?"

बाबा ने बिना किसी झिझक के कहा, "मुरादाबाद ज़िले में जमना पाड़ा गाँव है।"

"बड़ी दूर है, कैसे जाओगे?"

"अजी, दूर क्या है? बस, हरिद्वार पहुँच जाऊँ, समझ लो, घर पहुँच गया। वहाँ मेरा सगा भाई है।"

"सगा भाई?"

"अजी गाँव का है, पर, तुम जानो जी, परदेश में गाँव का भाई सगा भाई है। फिर वहाँ बेटी है, बहन है। दिको बेटी के यहाँ तो क्या जाऊँगा, पर बहन के यहाँ तो जा सकता हूँ। और दिकोजी! मैं तो धोखे में आ गया, आती बेर कोटद्वार से आया।

हरिद्वार से आता तो रुपए लेकर आता···"

मैं न टोकता तो बाबा रुकने वाला नहीं था। मैंने अनुभव किया कि बाबा को किसी बात की भी चिंता नहीं थी। वह 165 मील दूर हरिद्वार जाने की बात ऐसे कह रहा था जैसे हवाई जहाज से जाना हो। मैंने टोककर पूछा, "बाबा, घर पर कौन है ?"

बाबा हँसा। बोला, "सब हैं। दिको बाबूजी, बात यह हुई। अब तुमसे क्या छिपाना ? उसने मना किया था और बेटे ने भी। एक बेटा है सोलह साल का।"

"क्या करता है ?"

"दो लड़कियाँ हैं, अपने घर की हैं।"

एक अट्टहास उठा। बाबा ने मेरा प्रश्न नहीं समझा। मैंने उसे फिर दोहराया। बाबा बोला, "बाबूजी, घर पर एक भैंस है, दो गायें हैं। आपकी दया से एक ग्याभन है। उसे क्या डर है ? बस जी, उन्होंने बहुत मना किया। उनकी मरजी से आता तो रुपए देते, पर मैंने भी कैलास जाने की ठान ली थी। सो चल पड़ा। कह आया—भागवान, तेरा बस एक कंबल लिए जा रहा हूँ।"

उसने बीड़ी का कश खींचा और एक क्षण रुककर कहा, "और दिको बाबूजी, बात तो उन्होंने भी ठीक ही कही थी। अगले महीने धेवती की शादी है। अब तुम जानो, भात दे लो या दर्शन कर लो। पर तुम जानो मुझे धुन थी। चल पड़ा।"

"तो क्या अभी कैलास जाओगे ?"

"अजी, चला तो कैलास के लिए था, पर किसी ने रास्ता नहीं बताया। नेपाल पहुँचा जाता तो बाबूजी ! कैलास भी पहुँच जाता। दिको बाबूजी, तुम्हें बताऊँ। मैंने प्रेमसागर में पढ़ा था कि कैलास में शिवजी रहे हैं। बस, तभी उनके दर्शनों की ठान ली। मैंने सोचा, कैलास भी द्वारका की तरह बसा होगा। बाबूजी, मैं द्वारका हो आया हूँ।"

कहते-कहते वह गर्व से भर उठा। बोला, "बाबूजी ! द्वारकापुरी के चारों तरफ पानी ही पानी है, ऐसा पानी कि मुँह में दो तो जानो नमक भर गया। पर वहीं द्वारका की भूमि में कुएँ हैं, उनका पानी मीठा है। उसकी माया का पार नहीं, बाबूजी !"

मैं कुछ कहूँ उससे पहले ही वह फिर हँसा, "पर अच्छा हुआ, यहाँ आ गया। बादल बनते देख लिए।"

"अच्छा !"

"हाँ जी, बस पहाड़ों में से धुआँ-सा उठता है और बादल बन जाते हैं। बड़ा अच्छा हुआ। भगवान् के दर्शन हो गए। उसकी माया देख ली। अब तो चला ही जाऊँगा। और न भी जाऊँ तो क्या है ?"

मैंने सहसा कहा, "जाओगे कैसे, ऐसे ही माँगते-खाते ?"

वह तनिक भी अप्रतिभ नहीं हुआ। उसी सरल स्वाभाविक विश्वास से बोला, "दिको बाबूजी ! भूख लगती है तो सब माँगते हैं। प्रेमसागर में मैंने पढ़ा है कि गाय

चराते-चराते एक बार श्रीकृष्णजी को बड़ी भूख लगी। तब उन्होंने श्रीदामा को उस वन में यज्ञ करने वाले ब्राह्मणों के पास भिक्षा माँगने भेजा था।"

और फिर उसने उसी मस्ती में वह सारी कथा मुझे सुना दी, जिसमें ब्राह्मणों ने तो भिक्षा नहीं दी थी, पर उनकी पत्नियों ने दी थी। सुनकर मुझे ऐसा लगा कि यह बाबा मुझसे कुछ माँगे तो मैं भी इसे दूँ।

पर इससे पहले कि मैं कुछ कहूँ, वह फिर बोल उठा, "पर दिको बाबूजी! भूख एक दिन की हो या तीन दिन की, आदमी खाता उतना ही है, जितना उसका पेट हो।"

जैसे एक झटका लगा। मैंने दृष्टि उठाकर उसे देखा। वह अपनी भोली हँसी हँस रहा था। कह रहा था, "ज़्यादा कोई खा नहीं सके। जो खावे वह पाप करे। तुम जानो श्रीकृष्ण कोई भिखारी थोड़े थे, भगवान् थे। उन्हें भी भूख लगी और उन्होंने भोजन माँगा, और कुछ नहीं माँगा।"

फिर एक झटका लगा। घृणा घुली, श्रद्धा ने आदर को जन्म दिया। मेरा हाथ जो जेब से रुपए निकालने को बढ़ा था, एकाएक रुक गया। यह सब एक क्षण में ही हो गया। दूसरे क्षण बाबा ने बीड़ी का अंतिम कश खींचा और लकड़ी उठाई। बोला, "अच्छा बाबूजी, चलता हूँ। दिको, दर्शन तो हो ही गए। अब मर भी गया, तो कोई बात नहीं। पहुँच गया, तो फिर किसी दिन कैलास को चल दूँगा।"

और वह चल पड़ा। उसके पैर लड़खड़ा रहे थे। वह उस दुर्गम पर्वत मार्ग पर एक-एक कदम रखता हुआ आगे और आगे बढ़ रहा था। आसपास के सभी व्यक्ति न जाने क्यों हँसना भूल गए थे। उसके उठते ही मैं भी उठा। दो कदम चला। चाहा पुकारूँ, 'ओ बाबा! तुम्हें बहुत दूर जाना है, लो एक रुपया तो लेते जाओ। दो-चार दिन की छुट्टी मिलेगी।'

पर तभी मेरी दृष्टि उसकी दूर होती हुई लड़खड़ाती आकृति पर पड़ी। फिर सामने के गगनचुंभी पर्वत-शृंग को देखा। सहसा लगा, बाबा उस शृंग के ऊपर होकर बड़ी शीघ्रता से आगे बढ़ रहा है। मैंने आँखें मलीं, पर वह आकृति उसी तरह आगे बढ़ती चली गई। उसकी दृढ़ता ने मेरी दया-भावना को झकझोर दिया। उसके सरल पर अमित विश्वास के सामने गर्वोन्मत्त पर्वत और अभिमानिनी सरिताएँ नितांत हेय जान पड़ीं। मुझे उस क्षण लगा, उसे कुछ देने का विचार करना उसे छोटा करने की स्पर्धा करना है। नहीं-नहीं, मैं उसे क्या दे सकता हूँ? मुझे तो उलटे उस महान् के विश्वास के एक अंश की आवश्यकता है जिसके सहारे मैं इन अलंघनीय घाटियों को हँसते-हँसते पार कर जाऊँ। अगस्त्य के पास, पांडवों के पास, स्काट के पास, कुक, लिविंग्स्टन और कोलंबस के पास यही विश्वास तो था।

तब मैंने हाथ जोड़कर मन-ही-मन उस महान् को प्रणाम किया और चुपचाप अपने स्थान पर लौट आया।

(1950)

ठेका

धीरे-धीरे कहकहों का शोर शांत हो चला और मेहमान एक-एक करके विदा होने लगे। लकदक करती ठेकेदारों की फैशनेबल बीवियाँ और अपने को अब भी जवान मानने वाली छोटे अफसरों की अधेड़ घरवालियाँ, सभी ही-ही करती, चमकती, इठलाती चली गईं, लेकिन रोशनलाल की पत्नी तब तक आई भी नहीं। वह कई बार बीच में से उठकर होटल के बाहर गया। खाते-पीते, बातें करते, उसकी दृष्टि बराबर द्वार की ओर लगी रही पर संतोष उसे नहीं दिखाई दी, नहीं दिखाई दी। यह बात नहीं कि संतोष को इस पार्टी का पता नहीं था। इसके विपरीत उसने रोशनलाल को कई बार इस पार्टी की याद दिलाई थी। आज सवेरे उससे विशेष रूप से कहा था, "राजकिशोर, शाम को वेन्गर में पार्टी दे रहे हैं। भूलिएगा नहीं।"

"तुम नहीं चलोगी?"

"क्यों नहीं चलूँगी, लेकिन आपके साथ न चल सकूँगी।"

"क्यों?"

"मुझे अपनी एक सहेली से मिलना है। मैं वहीं आ जाऊँगी।"

और इतने पर भी वह नहीं आई। वह पार्टियों की शौकीन है, विशेषकर होटल में दी गई पार्टी में वह सौ काम छोड़कर जाती है। रोशन का मन खट्टा होने लगा। उसे क्रोध भी आया, पर ऊपर से वह शांत बना रहा। यही नहीं, उसने कहकहे लगाए और जैसाकि पार्टियों में होता है, उसने उपस्थित नारियों के बारे में अपनी बेलाग राय भी प्रकट की, राष्ट्रीय और अंतर्राष्ट्रीय समस्याओं पर नुक्ताचीनी की, पर अपनी पत्नी की अनुपस्थिति के बारे में वह किसी का समाधान न कर पाया।

एक मित्र ने चुटकी लेते हुए कहा, "रोशन और संतोष आदर्श दंपति हैं। एक-दूसरे के काम में बिलकुल दखल नहीं देते।"

दूसरे बोले, "देना भी नहीं चाहिए। पति-पत्नी दोनों बराबर के साझीदार हैं।"

तीसरे ठेकेदार मित्र कुछ गंभीर थे। कहने लगे, "यह तो ठीक है लेकिन स्त्री आखिर स्त्री है। उसे ढील चाहे कितनी ही दो पर रस्सी अपने ही हाथ में रखनी चाहिए।"

इस पर एक कहकहा लगा और वही कहकहा रोशन की छाती में शूल की तरह कसक उठा। उस क्षण आवेग के कारण वह काँपने लगा, मुख तमतमा आया और उसने चाहा कि वह भाग जाए। पर यह सब आंतरिक था। प्रकट में वह भी मुक्त भाव से हँसा

और बोला, "जी नहीं, मैं मदारी नहीं हूँ जो बँदरिया को नचाया करूँ।"

कहकहों की आवाज़ और भी तेज़ हो उठी और उसी के बीच एक महिला ने कहा, "होशियार रहिए। यह जनतंत्र का युग है। इसमें बँदरिया मदारी को नचाने लगी है।"

"कोई अंतर नहीं। दोनों रस्सी में बँधे हुए हैं और दोनों समझते हैं कि वे एक-दूसरे को नचा रहे हैं।" एक और साथी अट्टहास बिखेरते हुए बोल उठे।

"बेशक, आप ठीक कहते हैं। इसी का नाम विवाह है, और विवाह एक ठेका है।"

वह सज्जन अपना वाक्य पूरा कर पाते कि दूसरी अपेक्षाकृत युवती महिला तीव्रता से बोल उठी, "खाक है, आप लोगों के ऐसे विचार हैं तभी तो तलाक की ज़रूरत पड़ी। नारी अब पुरुष की दासी नहीं रह सकती····"

और वह वहाँ से उठकर चली गई। जैसे कहकहों को पाला मार गया हो। उस मेज़ की महफिल फिर नहीं जमी। दूसरी मेज़ों पर उसी तरह खिलखिलाहट उठती रही पर रोशन का मन नहीं लगा। उसने चाहा कि तुरंत उठकर चला जाए पर शायद संतोष अब भी आ जाए, इसी लालच में वह अंत तक रुका रहा और जब उसने राजकिशोर और उसकी पत्नी श्यामा से विदा ली तो राजकिशोर ने पूछ लिया, "आखिर संतोष रही कहाँ?"

रोशन बोला, "समझ में नहीं आता। आने का पक्का वायदा करके गई थी। शायद····"

श्यामा हँस पड़ी, "शायद आपको मालूम नहीं। मैंने आज उन्हें साहब के साथ देखा था।"

"मिस्टर वर्मा के साथ?"

"जी हाँ।"

रोशन के मुख की लालिमा सहसा पीली पड़ गई। राजकिशोर ने मुँह छिपाकर श्यामा की ओर देखा, मुस्कराया, मानो कहता हो—'ओह, तो यह बात है।' फिर रोशन से कहा, "कुछ भी हो। उसे आना चाहिए था। मैं बहुत नाराज़ हूँ। उससे कह देना, समझे?"

रोशन ने किसी तरह हँसते हुए कहा, "कह दूँगा, जनाब!"

और वह एक झटके के साथ अपने को तुड़ाकर वहाँ से नीचे उतर गया। उसी के साथ राजकिशोर और श्यामा की शरारत-भरी हँसी भी उतरी। अगर वह सुन पाता तो श्यामा कह रही थी, "संतोष मुझे पराजित करना चाहती है पर···"

लेकिन रोशन कुछ भी सुनने की स्थिति में न था। उसका तन-मन झुलस रहा था और आवेश के कारण पैर डगमगा रहे थे। क्रोध के कारण या ग्लानि के, कुछ पता नहीं। पर वह विचारों के तूफान में फँस गया था। उन्हीं में उलझ-उलझकर उसकी बुद्धि

बार-बार लड़खड़ा पड़ती थी—"वह क्यों नहीं आई? आखिर क्यों? क्या वह सचमुच वर्मा के साथ थी? सचमुच····लेकिन उसने मुझसे क्यों नहीं कहा? मुझसे क्यों छिपाया? क्यों, आखिर क्यों? उसका इतना साहस कैसे हुआ? कैसे····"

अंतिम वाक्य उसने इतने ज़ोर से कहा कि वह स्वयं चौंक पड़ा। आसपास वाले व्यक्ति उसे अचरज से देखने लगे, पर दूसरे ही क्षण वह फिर तूफान में खो गया। वह जानता है कि संतोष बड़ी सामाजिक है। खूब मिलती-जुलती है। सरकारी विभागों के प्रमुख कर्मचारियों से उसकी काफी रब्त-ज़ब्त है। इसका प्रारंभ उसी ने तो कराया था। नहीं तो वह इतनी लजीली थी कि उसके सामने भी नयन नहीं उठाती थी····

वह काँप उठा। एक के बाद एक सिहरन तरंग की भाँति एड़ी से उठती और उसे मस्तिष्क तक झनझना देती। वह फुसफुसाया—इस सामाजिकता से उन्हें कितना लाभ हुआ है, लेकिन····संतोष उससे छिपकर कभी किसी से नहीं मिलती। कभी उससे कुछ नहीं छिपाती। कभी उससे दूर नहीं जाती। हाँ, कभी उससे दूर नहीं जाती। जो कुछ करती है उसके कहने से करती है। संतोष उसी की है। संतोष रोशन की है····।

"नहीं, नहीं," वह चीख उठा, "राजकिशोर मुस्करा रहा था। उसकी मुस्कराहट का साफ यही मतलब था कि संतोष मेरी चिंता नहीं करती। मुझसे छिपकर अफसरों से मिलती है। मुझे धोखा देती है, चराती है, हरजाई है····"

वह तेज़ी से दौड़ने लगा। उसके हाथ कुलमुलाने लगे। वह किसी का गला घोंटने को आतुर हो उठा। उसने न ताँगे वाले की पुकार पर ध्यान दिया न बस के अड्डे पर रुका। अभी गर्मी नहीं आई थी। मार्च की संध्या हलकी-हलकी शीतलता से महकती आ रही थी पर वह पसीने से तर था। घर न जाकर वह यंत्र की भाँति मथुरा रोड की ओर मुड़ गया। अभी वहाँ कुछ हरियाली शेष थी। रेल का पुल पार करके वह उत्तर की ओर बढ़ा। उधर बँगले थे। कुछ ही देर में वह वहाँ पहुँच गया जहाँ मिस्टर वर्मा रहते थे। वह उनके बँगले के पास ठिठका, पर वहाँ सर्वत्र मौन था। सब-कुछ स्तब्ध था। समूचा वातावरण रात्रि के शीतल आवरण में प्रवेश करता जा रहा था। उसकी शिराओं का तनाव ढीला पड़ा। वह फुसफुसाया, "नहीं, यहाँ नहीं।"

लेकिन दूसरे ही क्षण वह फिर दौड़ने लगा। उस स्तब्धता में उसके अपने पैरों की पदचाप उसे कँपाने लगी। जलाशय के किनारे दूर-दूर तक फैली हरी घास पर दो-चार रोमांटिक मूर्तियाँ मुक्त वातावरण का आनंद ले रही थीं। उसका दिल धुकधुकाया और वह उनके पास से होकर सर्र से निकल गया।

वह फिर रेस्तराँ और फैशनबेल सामान वाले बाज़ार की ओर मुड़ गया और कुछ देर बाद विचारों के तूफानों के थपेड़े खाता हुआ एक शानदार रेस्तराँ के सामने रुक गया। अपने को बटोरने के लिए कुछ पीना चाहता था, पर जैसे ही द्वारपाल ने उसके लिए किवाड़ खोले और वह अंदर दाखिल हुआ—वह लड़खड़ाकर पीछे हट गया। सामने संतोष और वर्मा बैठे हैं। दोनों मुस्करा रहे हैं। दोनों····

वह एकाएक हाँफने लगा। गिरते-गिरते बचा और फिर द्वारपाल को चौंकाता हुआ तेज़ी से एक ओर भागता चला गया। भागता गया, भागता गया। तब तक भागता ही गया जब तक उसका घर नहीं आ गया। रोशनी जल रही थी। दोनों बच्चे सो गए थे पर नौकर ऊँघ रहा था। उसने किसी ओर ध्यान नहीं दिया। सीधा अपने पलंग पर जाकर गिर पड़ा। बहुत देर तक पड़ा रहा। न वह सोच सकता था, न अपना कोई अंग हिला सकता था। वह तब हर दृष्टि से मानो मर चुका था····

लेकिन सहसा उसके प्राण लौट आए। वह उठकर बैठ गया। उसने निश्चय किया कि वह आज संतोष को मार डालेगा। हाँ, मार डालेगा। जान से मार डालेगा। उसने उसे पार्टी में अपमानित करवाया। मित्रों ने उस पर फब्तियाँ कसीं। उसे देखकर राज मुस्कराया और श्यामा ने चुटकी ली। श्यामा जी, श्यामा जी····वह संतोष को मार डालेगा। ज़रूर मार डालेगा····

कि सहसा किवाड़ खुले और संतोष द्वार पर दिखाई दी। वह मुस्करा रही थी और उसके मदिर नयनों से सुरा जैसे छलकी पड़ती थी। उसने आगे बढ़ते हुए कहा, "हलो डार्लिंग, तुमने रेस्तराँ का दरवाज़ा खोला और फिर चले आए। शायद तुमने हमें देखा नहीं। सामने ही तो थे। मिस्टर वर्मा भी थे····"

रोशन चीख उठा, "निर्लज्ज ! मैं तुझे मार डालूँगा !"

संतोष ने चौंककर उसे देखा, "यह क्या कह रहे हो ? तुम्हारी तबीयत तो ठीक है ? अरे, तुम तो काँप रहे हो ? मैं पार्टी में न आ सकी शायद इसीलिए····"

रोशन उठकर खड़ा हो चुका था और संतोष की ओर बढ़ रहा था। उसकी आँखें जल रही थीं। उसके मुख पर हिंसा उभर आई थी। उसके हाथ अकड़ रहे थे, पर संतोष ने उस ओर ध्यान ही नहीं दिया। बोलती रही, "मैंने पार्टी में आने का बहुत प्रयत्न किया। मैं वहाँ आना भी चाहती थी। मैं श्यामा को नीचा दिखाना चाहती थी।"

रोशन और आगे बढ़ा। उसका मुँह और विकृत हुआ। हाथ ऐंठे····

लेकिन संतोष ने फिर भी कुछ ध्यान नहीं दिया। बोलते-बोलते वह रोशन के पास आई और उसके कंधे पर हाथ रख दिया। फिर नयन उठाकर उसकी आँखों में झाँका। रोशन का शरीर एकाएक झनझनाया पर उसने कड़ककर पूछा, "तुम कहाँ थी ? मैं पूछता हूँ तुम कहाँ थी ?"

संतोष निस्संकोच बोली, "तुम्हें क्रोध आ रहा है। आना ही चाहिए, पर मैं क्या करूँ ? श्यामा ने वर्मा को तभी छोड़ा जब पार्टी का समय हो गया। वह उसे वहाँ ले जाना चाहती थी। वह····ठेका लगभग प्राप्त कर चुकी थी····"

रोशन फिर काँपा पर अब उसका कारण दूसरा था। उसने तेज़ी से गर्दन को झटका दिया और संतोष को देखा, बोला, "क्या कहती हो ?"

"यही कि मैं वर्मा के साथ न रहती तो वह ठेका राजकिशोर को मिल जाता।"

"राजकिशोर को मिल जाता ? मैंने तो सुना है वह उसे मिल चुका है। उसकी

बड़ी पहुँच है। श्यामा····"

संतोष व्यंग्य से चीख उठी, "तुमने गलत सुना है। श्यामा कुछ नहीं कर सकती। ठेका राजकिशोर को नहीं मिला····"

"तो किसको मिला?····"

संतोष के हाथ में एक लिफाफा था, उसी को उसने रोशन की ओर तेज़ी से फेंका, "यह देखो····"

"संतोष!"—स्तब्ध रोशन चीख उठा। वह सब-कुछ भूल गया। उसका सब संघर्ष निमिष-मात्र में धुल-पुँछ गया। उसने लपककर लिफाफा खोला····

संतोष शरारत से हँसी, बोली, "सरकारी पत्र कल तुम्हारे पास आ जाएगा और परसों हम वेन्गार में एक शानदार पार्टी देंगे। एक बहुत शानदार पार्टी····"

रोशन तब तक उस पत्र को पढ़ चुका था। उसने काँपते हुए, चीखते हुए संतोष को बाँहों में भर लिया और बार-बार कहने लगा, "संतोष, तुम कितनी अच्छी हो, कितनी बड़ी हो। ओह, मैं तुम्हारे लिए क्या करूँ···· ? क्या करूँ···· ?"

संतोष बोली, "कुछ नहीं डार्लिंग, मैं पिक्चर जा रही हूँ। मेरा इंतज़ार न करना। सो जाना।"

(1956)

पिचका हुआ केला और क्रांति

गाड़ी रुकते ही मैं द्वार पर आया तो जैसे शाश्वत हिम प्रदेश में पहुँच गया हूँ। अंग-अंग में ठिठुरन घुस आई। अंगुलियों को गर्माने के लिए मैंने बार-बार भाप छोड़ी। और वह तुरंत घने बादल में रूपांतरित हो गई। तब मैंने सोचा कि कूपे के भीतर जाकर द्वार बंद कर लेना ही उचित है। पर तभी देखता हूँ कि हमारे मिस्टर सिंह तेज़ी से मेरी ओर बढ़े आ रहे हैं। बड़े-से भारी ओवर कोट में शरीर को ढके और कालर में मुँह छिपाए वे ऊँचे स्वर में बोले, "मैं जानता था कि तुम आओगे। कैसा भी भयानक शीत तुम्हें वचन-भंग का दोषी नहीं बना सकता।"

फिर उसी तीव्रता से मेरा हाथ झकझोरते हुए कहा, "लेकिन यह तो तुम मानोगे कि हम सचमुच भाग्यशाली हैं।"

मैंने हँस कर कहा, "अवश्य मानूँगा, सिंह साहब ! भाग्य सदा तुम्हारी कृपा का पात्र रहा है।"

"और रहेगा भी। तुमने आज का अखबार देखा है? उसमें लिखा है कि आजकल जितनी सर्दी पड़ रही है उतनी पिछले सौ वर्षों में भी नहीं पड़ी थी। सोचो तो, सौ वर्ष बाद यानी चार पीढ़ियों बाद के हम इस अभूतपूर्व शीत को जी रहे हैं जो मानव के रक्त को हिमानी में रूपांतरित करने की क्षमता रखता है।"

और कहकर वे अनायास ही ठहाका मारकर हँस पड़े। अक्सर उनके इस तीव्र हास्य से कॉफी हाउस गूँजा है। और मैनेजर भागे-भागे हाथ जोड़ते आए हैं। पर आज तो जैसे इस हास्य ने हमें गर्मी दी। हिमानी के परस से ठिठुरी वायु भी जैसे क्षण-भर के लिए ऊष्ण हो उठी। और वह प्रशस्त पर निर्जन प्लेटफर्म गूँज-गूँज उठा। बोले, "शीतकाल की यह सुनहरी धूप आज कैसी उदास-उदास है। जैसे नई दुल्हन का प्रीतम रूठ गया हो। देखो, कोई भी काली, सफेद या नीली वर्दी वाला अधिकारी प्लेटफॉर्म पर नहीं है। रात-भर रोदन करने वाले कुत्ते तक नहीं दिखाई देते। साले कहीं गर्मी की तलाश में कोनों में घुसे होंगे। बाहर जाकर देखो तो सड़कें और खेत सब पर सफेद पाला जमा हुआ है। अच्छा आओ, पहले चाय पी लें। चिंता न करो, गाड़ी यहाँ पानी लेगी। शीत रक्त को जमा सकता है, पर प्यास नहीं बुझा सकता।"

और मेरे उत्तर की चिंता किए बिना वे आगे बढ़ गए। बर्फीली हवा से ठिठुरी पीली-पीली धूप से भरा वह विस्तृत प्लेटफॉर्म सचमुच जनाकीर्ण था। दो-चार यात्री ही साहस करके चाय की तलाश में बाहर आए थे। नहीं तो उस चीखती सनसनाती तेज़ हवा ने सारी ताज़गी को सोख लिया था और सब-कुछ शापग्रस्त पाषाणी अहल्या की

तरह मूक और श्रीहीन था। हाँ, उस ओर एक ढलती उम्र की एकाकी ग्रामीणा अपनी ही पुटलिया के सहारे सिमटी-सहमी-सी ऐसे खड़ी थी जैसे कोई तिरस्कृत प्रतिमा। कुछ दूर पर इंजन की राख से कोयले बटोरने वाले तीन अर्द्धनग्न बच्चे हाथों को कसकर छाती में समेटे चित्रलिखे-से घूम रहे थे। एक ने लंगोट के ऊपर शत-शत छिद्रों वाला एकमात्र जालीदार स्वेटर पहना था। दूसरे के बदन पर एक जीर्ण-शीर्ण कमीज़ थी और तीसरा जो अपेक्षाकृत लंबा और काला था, आधी बाँहों का कुर्ता पहने था। नहीं मालूम ऐसी रातों में सिर छिपाने के लिए उनके पास कोई गरम कोना भी है या नहीं, या वे बेघरबार खानाबदोशों की ज़िंदगी बिताते हैं।....

तभी सहसा मेरी दृष्टि शैड़ के नीचे अपनी पूर्व परिचिता ओवर-कोट और शाल धारण किए एक भूतपूर्व महिला एम० पी० पर पड़ी। मुझे देखकर मुस्कराती हुई वह मेरी ओर आ रही थी। स्वाभाविक था कि मैं भी शिष्टाचार का पालन करता।

और 'आप कैसे हैं?' 'कहाँ से आ रहे हैं?' 'इस भयंकर शीत में कहाँ जाना हैं?' 'मैं तो जमी जा रही हूँ?' 'पिछले वर्षों में ऐसी सर्दी नहीं पड़ी।' इसी प्रेमालाप में पाँच-सात क्षण बीत गए कि इसी बीच अचानक एक दुर्घटना घट गई। क्या देखता हूँ कि बेंच के पास खड़ी वह एकाकी बुढ़िया कालमूर्ति बनी पैर के जूते निकाल कर कोयले वाले एक लड़के के पीछे भाग रही है। और ज़ोर-ज़ोर से गाली दे रही है। भागता हुआ वह सहसा मुड़ा और उसने वह औरत का फेंका हुआ जूता उठा लिया। फिर दाँत किटकिटाकर उसी पर दे मारा और भाग चला ऐसे जैसे गति में तूफान भर गया हो। वह स्त्री जूता खाकर और भी तीर-सी झपटी। और मुझ तक पहुँचते न पहुँचते उसने लड़के को पकड़ लिया। और फिर क्रुद्ध बाघिनी की तरह धौड़ी के उस मोटे-से जूते से, जिसमें लोहे की नाल जड़ी हुई थी, उसे पीटना शुरू किया। छाती, सिर, मुँह जहाँ भी संभव होता, जूते की चोट पड़ती थी। बालक 'हाय मैया', 'हाय मैया' चीखता रहा। वातावरण गूँजता रहा। और सभी यात्री खोए-खोए से निःसंग भाव से उस करुण गुहार को अनसुना करके उधर देखते भर रहे। जैसे वे शब्द उनके कानों में प्रवेश ही नहीं कर रहे थे। केवल क्रूरता का सम्मोहन ही उनकी दृष्टि को अपनी ओर खींच रहा था। उस दिन जान पाया कि क्रूरता का सम्मोहन कितना सर्वग्रासी होता है। वास्तव में यह सब इतनी क्षिप्रता और इतने नाटकीय ढंग से हुआ कि इससे पूर्व कोई कुछ समझ पाए, बालक काफी चोट खा चुका था। तब नीली वर्दी पहने एक खलासी ने उस क्रुद्ध बाघिन का हाथ रोक लिया।

वह स्त्री मानो इसी की राह देख रही थी। तुरंत उसे छोड़कर बकती-झकती फिर बेंच पर अपनी पुटलिया के पास चली गई। और वह बालक सिसकता-लंगड़ाता एक खंभे के पीछे जा खड़ा हुआ जहाँ से वह अनदेखे ही कहर-भरी दृष्टि से उस औरत को देख सकता था। उसका कुर्त्ता जगह-जगह से फट गया था। उसके दाँत बज-बज उठते थे। और स्थान-स्थान पर नीला पड़ा उसका सारा शरीर काँप-काँप जाता था। शेष दोनों

बालक पूर्वतः हाथों को छाती में समेटे, सिकुड़े खाली-खाली आँखों से कभी उस औरत को देखते, कभी अपने साथी को।

मिस्टर सिंह पूर्वतः बोले चले जा रहे थे, मानो उन्होंने इस कोयला चोर बालकों और उस कालमूर्ति औरत की ज़हालत पर थीसिस लिख रखा हो। पर मैं न जाने क्यों खिन्न-सा उस दमघोटू ठंडे वातावरण से मुक्ति पाने के लिए अपने कूपे की ओर लौट पड़ा। शरीर इतना सुन्न हो गया था कि हिलाते-डुलाते दर्द होता था। छोटी-सी नाव को सहसा किसी लहर का धक्का लग जाए ऐसी मेरी स्थिति थी। कुछ कह नहीं सकता था। पर दम जैसे घुट रहा था। विशेषकर इसलिए कि मिस्टर सिंह बोले चले जा रहे थे, 'जाहिल ! बदतमीज ! लड़के को मार डाला इत्यादि।'

यहाँ से मिस्टर सिंह को मेरे साथ ही उसी कूपे में सफर करना था। हमारे अतिरिक्त उस कूपे में लोकसभा के एक वयोवृद्ध सदस्य थे। दो उनके भांजे थे। वे किसी पब्लिक स्कूल में पढ़ते थे। तेरह-चौदह वर्ष का बड़ा लड़का सारे रास्ते पैरीमेंशन के उपन्यास पढ़ता रहा था। और छोटा फलों की टोकरी की खपच्चियाँ निकाल-निकाल कर नाना ग्रहों को राकेट भेजने में संलग्न था। और धाराप्रवाह अंग्रेज़ी बोले जा रहा था, "लो मामा, मेरा राकेट वीनस की ओर चला। मामा, मून पर तो अब आप भी जा सकते हैं। लेकिन मामा, मार तक जाने की ताकत किसी में नहीं, न अमरीका में और न रूस में...."

और बोलते-बोलते वह चंचल बालक कभी बड़े भाई के चिंयूँटी काट लेता था कभी मामा को गुदगुदा देता था। मानो बार-बार दृष्टि उठाकर देखते-मुस्कराते और फिर कोई थ्रिलर या पब्लिक एकाउंट्स कमेटी की रिपोर्ट पढ़ने में व्यस्त हो जाते। सहसा उन्हें याद आता है तो बच्चों को कुछ खाने को देते हैं। कभी संदेश कभी सेब, जब छोटे भांजे का राकेट मार की ओर चल पड़ा तब उन्होंने एक-एक केला दिया। बड़े बच्चे ने उसे छीलकर खा लिया। छोटा उसे देखकर मुस्कराया फिर चुपके से बड़े भाई ने ठीक पीठ के नीचे रख दिया। दो क्षण बाद जैसे ही भाई ने पीठ दीवार से लगाई वह केला पिचक गया। तब उसे हाथ में लेकर छोटा भांजा हँसा, "देखो मामा, मरा हुआ चूहा। "उसे देखकर भाई भी हँसा, मामा भी हँसे, बोले, "शैतान, रख दे इसे, अब मत खाना।"

यह सब गाड़ी के प्लेटफॉर्म पर आने से पूर्व ही घट चुका था। जब उस दुर्घटना के बाद हम कूपे में आए तो मामा ने भांजे से कहा, "अरे देखो, यह केला उस लड़के को दे दो, जो रो रहा है।"

नहीं कह सकता, उस घायल बालक ने ही उनकी करुणा को जगा दिया था। या उन्हें उसे पिचके केले से मुक्ति पानी थी जो हम सभी को मरे चूहे की याद दिला रहा था।

बड़े भांजे ने जब उस घायल बालक को पास बुलाकर केला दिया, तो मामा ने उससे कहा, "जाओ, तुम खा लेना। और किसी को मत देना। अच्छा।"

और वह लड़का जिसका अंग-अंग ठंड और चोट के दर्द से टीस रहा था और जो स्वयं उस केले की तरह कुचला हुआ-सा लग रहा था वहाँ से हटकर खंभे के पास जा खड़ा हुआ। शेष दोनों बालकों ने उसे देखा, पिचके हुए केले को देखा, और फिर कई क्षण देखते रहे। धीरे-धीरे उनके नेत्रों में चमक आती गई। मुख की भाव-भंगिमा तो बदली। मानो कुछ गर्मी मिली। अंत में वे सरकते-सरकते उसके पास आ खड़े हुए मौन एकटक केले पर दृष्टि गड़ाए। उस औरत ने भी उस केले को देखा, उन बच्चों को भी देखा। जैसे ही वे पास आकर खड़े हुए वह आँधी की तरह उधर ही झपटी; जैसे उस कुचले हुए केले को छीन लेगी। मेरी साँस ऊपर और आधी नीचे, पर देखता हूँ, कि वह बिलकुल पास से निकली चली गई। बोली, "जब पिट रहा था तब नाशपिट्टे हिले तक नहीं। अब केला देखा, तो आ गए लूटने हरामजादे, कुत्ते। खबरदार जो उसे छुआ।"

सी-सी करता हुआ नीली वर्दी वाला खलासी पास से जा रहा था। सुनकर एकाएक अट्टहास कर उठा। बोला, "इस पाले में मार-मारकर बेचारे की हड्डी-पसली एक कर दी जगली औरत ने। और अब हमदर्दी जताती है।"

तड़पकर उसने गरदन घुमाई और उत्तर दिया, "रहने दे, रहने दे, माँ बेटे को इसलिए नहीं मारती कि उसके चोट लगे। कोयला चोरों के साथ फिरने लगा था। जरमाना-जेल तू भुगतेगा, दाड़ीजार।'

और तेज़-तेज़ कदम रखती हुई वह जाहिल औरत दूर चली गई। उस ओर से अनभिज्ञ राकेट उड़ाते-उड़ाते उन एम० पी० महोदय के छोटे भांजे ने बड़े करुण स्वर में कहा, "मामा इनके माँ-बाप इन्हें स्कूल क्यों नहीं भेजते? इन्हें खाने को क्यों नहीं देते। इन्हें पहनने को कपड़े क्यों नहीं देते।"

मामा बोले, "ये लोग गरीब हैं।"'

वह बोला, "गरीब तो हमारी आया भी है। पर उसके पास तो चाँदी के गहने हैं।"

मामा ने पी० ए० सी० की रिपोर्ट पर से दृष्टि उठाकर कहा, "वह तो हम लोगों की कृपा से है। अब तुम ही उसके लिए चाँदी की ब्रूच ले जा रहे हो।"

छोटे भांजे ने ब्रूच को जेब से निकालकर उछाला, हँसा और कहा, "मामा, क्यों न सब गरीबों को मून पर भेज दिया जाए।"

उसकी इस मूर्खता पर मामा और बड़े भाई खूब हँसे। भाई ने कहा, "वहाँ तो बहुत अमीर लोग ही जा सकते हैं। गरीब कैसे जा सकते हैं!"

मामा बोले, "हम भी नहीं जा सकते। और ये लोग तो बेहद जाहिल हैं। असल में प्रकृति जिनको जैसा बनाती है वैसे ही वे रहते हैं। उससे अधिक की आशा करना बेकार है। फिर भी हम उनकी गरीबी दूर करने की कोशिश में लगे हैं।"

यह सब शायद उन्होंने हमें सुनाने के उद्देश्य से कहा था। छोटे भांजे ने, जो फिर राकेट भेजने की तैयारी में व्यस्त हो गया था, कुछ उत्तर दिया, पर वह मैं सुन न सका।

क्योंकि तभी गाड़ी ने सीटी दी और मैंने देखा, मिस्टर सिंह नीचे उतरकर तेज़-तेज़ कदमों से बालकों की ओर जा रहे हैं। और उनके हाथ में एक स्वेटर है। मैं हतप्रभ उन्हें पुकारूँ कि वे स्वयं ही लौट पड़े।

गाड़ी रेंग रही थी। प्लेटफॉर्म पीछे छूट रहा था। वे तीनों बच्चे अभी भी चित्र-लिखे-से खड़े थे। घायल बालक के हाथ में वह कुचला हुआ केला था। और शेष दोनों ललचाई दृष्टि से उसे देख रहे थे। सहसा मुझे अमृता शेरगिल के सुप्रसिद्ध चित्र 'तीन बहनें' की याद आ गई। ये तीन बालक थे, इनके बीच में एक मरा हुआ चूहा भी था। तब से ज़माना भी तो कितना आगे बढ़ा है। जैसे ही गाड़ी ने गति पकड़ी क्षितिज पर मात्र मरे चूहे का ही चित्र रह गया। मानो वे सब मरे हुए चूहे थे और ज़ोर-ज़ोर से बोलने वाले मिस्टर सिंह धीरे-धीरे बुदबुदा रहे थे—"हे प्रभो, हम मूर्खों को क्षमा करना। नहीं जानते हम क्या कर रहे हैं। स्वेटर उन्हें देकर मैं क्रान्ति को रोकने जा रहा था। कितनी बुरी बात थी। असल में हम पुराने लोग…"

गाड़ी की तेज़ आवाज़ में फिर मैं अपने अतिरिक्त किसी और की आवाज़ नहीं सुन सका। बंद कूपे के भीतर भी रह-रहकर एक बर्फीली सिहरन मेरे शरीर में दौड़-दौड़ जाती थी।

(1964)

चितकबरी बिल्ली

सोते-सोते सहसा उसकी आँख खुल गई। अंधकार में देख सका कि दो आँखें चमक रही हैं और 'म्याऊँ-म्याऊँ' का शब्द उस भयानक मौन को कँपा रहा है। उसे लगा जैसे उसके चारों ओर नाना रूपों में वही स्वर उठ रहा है। जैसे वह उसे अपने में समेट लेगा। और फिर वह स्वर और उसका अस्तित्व एक होकर रह जाएँगे····।

उसने व्यग्र होकर चादर फेंक दी और कमरे में जाकर बत्ती जला दी। क्या देखता है कि वह चितकबरी बिल्ली अपने तीन काले-सफेद बच्चों के साथ खिलंदरी कर रही है। प्रकाश होते ही बच्चे इधर-उधर छिपने के लिए भागे और बिल्ली छलाँग लगाकर कोठे पर चढ़ गई और ज़ोर-ज़ोर से म्याऊँ-म्याऊँ करने लगी। वह एकाएक क्रोध से काँप उठा। उसने एक लाठी उठाई और अलमारी के पीछे, तख़्त के नीचे, डेस्क के आसपास उन बच्चों को तलाश करने लगा। उसने निश्चय किया कि आज वह इनको मार डालेगा।

वह इन बिल्लियों से बेहद परेशान था। वे उसकी चारपाई पर कूदती थीं। उसकी सफेद चादर को खराब कर देती थीं। फर्श पर बिछी हुई जाजम को धोते-धोते उसकी पत्नी परेशान हो गई थी। अवसर पाते ही वे दूध, दही और खाने की दूसरी चीज़ों में भी मुँह डाल देती थीं। उसकी पत्नी बार-बार चीखकर कहती, "इन बिल्लियों ने नाक में दम कर रखा है। इस घर में इतनी बिल्लियाँ क्यों हैं?"

कभी-कभी वह मजाक करता। कह देता, "घर में बिल्लियाँ ही तो रहती हैं। बिल्ली नारी का प्रतीक है।"

उसकी पत्नी क्रुद्ध होती, "तुम्हें शर्म नहीं आती यह कहते! बिल्ली हरजाई नारी का प्रतीक है। वह कभी किसी से प्रेम नहीं कर सकती। वह कभी किसी की नहीं हो सकती।"

वह और भी हँसता, "और नारी भी तो किसी की नहीं होती। केवल शक्ति की होती है। दूसरी ओर कुत्ते को देखो, एक बार जिसका हो जाता है उसके लिए प्राण दे देता है।"

पत्नी और भी चिढ़ती, "तुम सदा इसी तरह की बातें करते हो। किसी छिछोरी नारी से तुम्हारा वास्ता नहीं पड़ा है। और कुत्ता भी कोई जीव है। दुम हिला-हिलाकर मालिक के पैर चाटने वाला।"

खैर! यह तो मज़ाक की बात थी। लेकिन यह सच था कि वह बिल्ली से बहुत चिढ़ता था, उसकी पत्नी भी चिढ़ती थी। इसीलिए इन बच्चों को देखकर उसका क्रोध

भभक उठा और उसने लाठी खड़खड़ाकर अपनी पत्नी को जगा दिया। वह घबरा कर उठ बैठी, "कौन है ? क्या हुआ ?"

वह क्रोध से भुनभुना रहा था पर पत्नी को परेशान देखकर हँस पड़ा, बोला, "बिल्ली के बच्चे हैं।"

"बिल्ली के बच्चे ? क्या सपना देख रहे थे ?"

"जी नहीं, जनाब के तख़्त के नीचे की मोरी में तीनों विराजमान हैं।"

तब तक पत्नी जाग आई थी। उसने झुककर टॉर्च की सहायता से उन बच्चों को देखा, तीनों एक दूसरे में समाये अत्यंत करुण स्वर में म्याऊँ-म्याऊँ कर रहे थे। एक क्षण एकटक उन्हें देखती रही। फिर धीरे से कहा, "हाय, ये बच्चे कितने प्यारे लगते हैं !"

उसने खीज कर कहा, "बच्चे तो गधे के भी प्यारे होते हैं, साँप के भी प्यारे होते हैं, तुम उन्हें पालोगी ?"

पत्नी बोली, "हटो भी, मैं यह थोड़े ही कहती हूँ। लेकिन यह भी सच है कि बच्चे प्यारे इसीलिए लगते हैं कि माँ-बाप उन्हें पालें। लेकिन इन बच्चों को तो यहाँ से भगाना होगा। नहीं तो मेरा दम घुट जाएगा।"

उसने हँसकर कहा, "दूसरे के बच्चे किसी को प्यारे नहीं हो सकते। खैर, मैं इनको अभी भगाता हूँ।"

"अब आधी रात के समय कहाँ भगाओगे ? चलो सोओ। सवेरे इनको पकड़ने का प्रयत्न करना।"

सवेरे जो उस घर में तूफान उठा वह बस देखते ही बनता। पिताजी, माताजी और उनके तीनों बच्चे, सब लकड़ियाँ लिए, दरवाज़े बंद किए, बिल्ली के बच्चों को पकड़ने की मुहिम पर लगे हुए थे। मानो हाथी को पकड़ने के लिए खेडा पड़ रहा हो। लेकिन बच्चे भी बिल्ली के थे, ऐसी करुण गुहार करते कि एक बार तो पत्थर भी पिघल जाए।····फिर किसी कोने में दुबक जाते। बच्चे लकड़ी से उन्हें मारते तो एक करुण निरीहता उनकी आँखों से बहती हुई उनके चेहरों को ढक देती और पकड़ने वालों के हाथ ठिठक जाते।

लेकिन पकड़ने का निश्चय अटल था। दोपहर होते-होते उन्होंने दो बच्चों को पकड़ लिया। इतने खुश हुए, इतने खुश कि मानो अपार संपदा मिली हो। कंधे पर लाद कर अपनी बस्ती से बहुत दूर वह उनको छोड़ कर आए। और फिर ज़ोर-ज़ोर से अपनी वीरता की कहानी प्रसिद्ध करने लगे। पत्नी ने साँस खींचकर कहा, "कुछ भी हो, यह अच्छा ही हुआ। नहीं तो मैं जाजम धोते-धोते परेशान हो जाती थी। और तीसरे दिन दूध-दही फेंकना पड़ता।"

वह यह कह ही रही थी कि एक बहुत ही निरीह 'म्याऊँ' शब्द उसके कान में पड़ा। तीसरा बच्चा अलमारी के पीछे से मुँह निकालकर मानो अपने भाई-बहनों को पुकार रहा था। वह बिलकुल काला था। और तीनों में एकदम दुबला भी था। उसने

उधर देखते हुए कहा, "इसको आज रहने दो, कल पकड़ेंगे।"

लेकिन रात होते ही उनका सारा घर एक अजीब-सी मर्मभेदी गुहार से भर उठा। वह बिल्ली बार-बार वहाँ आती और पुकार-पुकारकर परेशान हो जाती। वही म्याऊँ-म्याऊँ का स्वर था। लेकिन उसके पुकारने का ढंग इतना करुण था कि हृदय पर चोट करता था। वह कभी उछलकर टाँड पर जाती, कभी तख्त के नीचे घुसती, अलमारी के पीछे पुकारती। वही विकल-व्याकुल करता अनवरत म्याऊँ-म्याऊँ का स्वर घोष···मेरे प्यारे नन्हे-मुन्नो, तुम्हारी माँ तुम्हें पुकार रही है, तुम कहाँ हो····

पत्नी ने कहा, "आह, माँ बच्चों को कैसे पुकार रही है।"

वह बोला, "क्यों तुम्हें दया आ रही है!"

पत्नी ने कहा, "सच बताना, क्या इसकी यह पुकार तुम्हारे दिल को व्यथित नहीं कर रही?"

वह एकाएक कोई जवाब न दे सका। बोला, "आज यह नहीं सोने देगी।"

एकाएक तीसरा बच्चा क्षीण स्वर में पुकारता हुआ वहाँ आ गया। उसने लपक-कर उसे अपने मुँह में दबा लिया, उसे चाटा-चूमा और फिर छिटक कर पहले की तरह चारों ओर 'म्याऊँ-म्याऊँ" करती दौड़ने लगी। फिर एकाएक वह चली गई। उसने समझा कि अपने एक बच्चे को देखकर वह संतुष्ट हो गई है और अब सवेरे से पहले वह नहीं लौटेगी। वह सो गया। पत्नी भी सो गई। लेकिन दो घंटे भी न बीते होंगे कि फिर म्याऊँ-म्याऊँ की करुण पुकार ने उन्हें आलोड़ित कर दिया। पर वह खीझ न सका। धीरे से कहा, "यह तो फिर आ गई।"

पत्नी बोली, "बेचारी, पास-पड़ोस में ढूँढ़कर आई है।"

उसने दृढ़ स्वर से कहा, "लेकिन मैं इससे विचलित होने वाला नहीं हूँ। मैं इस तीसरे बच्चे को भी निकालकर फेंक दूँगा।"

अगले दिन उस तीसरे बच्चे को पकड़ने में कोई कठिनाई नहीं हुई। उसे भी बहुत दूर छोड़ दिया गया। और समझ लिया कि अब वह चितकबरी बिल्ली यहाँ नहीं आएगी। लेकिन उसी रात को वह करुण गुहार सहस्र जिह्व होकर उन्हें परेशान करने लगी। वह इधर-उधर पागल-सी पुकारती दौड़ती रहती। कुछ देर के लिए चली जाती और फिर आकर पुकारती, केवल रात को ही नहीं दिन को भी उसकी यह पुकार घर को कँपाने लगी। पत्नी ने धीरे से कहा, "अब तो जीना दूभर हो गया, न जाने क्या होगा····।"

उसने कहा, "ऐसा जान पड़ता है बच्चों को माँ से अलग करने का तुम्हें दुःख है?"

पत्नी झिझकी, "दुःख तो है। सभी को होता है। उसके दुःख की मैं कल्पना कर सकती हूँ।"

"तो फिर ले आओ न उन बच्चों को ढूँढ़कर। उनको पालो, दूध पिलाओ, बिस्तर

में सुलाओ। फिर कपड़े साफ करो। मुझे क्या ?"

पत्नी बोली, "मैंने यह तो नहीं कहा, मैं तो यही कहती हूँ, माँएँ सब एक-सी होती हैं। यह तो तुम भी मानोगे।"

उसने कुछ जवाब नहीं दिया। कई दिन तक वह करुण गुहार उन्हें परेशान करती रही। फिर धीरे-धीरे वह कम हो गई। फिर एक दिन बिलकुल बंद हो गई। फिर कई महीने बीत गए। बिल्ली बहुत कम दिखाई देती। आती भी तो इधर-उधर सूँघ-साँघ कर चली जाती। पत्नी उसे देखती, उच्छ्वास लेकर कहती, "बेचारी!"

और वह हँस पड़ता, "हाँ, बेचारी। शांति और प्रेम, हमें दोनों में से किसी एक को तो चुनना ही था।"

एकाएक एक दिन वह शांति ऊँचे स्वरघोष के साथ टूट गई। वह हड़बड़ाकर उठा। उसने देखा—वह चितकबरी बिल्ली एक दूसरी काली बिल्ली के साथ, जो देखने में उससे कहीं मोटी थी, बड़ी खूँख्वारी के साथ लड़ रही थी। वह एक-दूसरे पर कूदती-झपटती। छतों को पार कर जातीं, चीख-चीखकर एक-दूसरे को नोचतीं। उसके बिस्तर पर कूदतीं, जैसे एक-दूसरे को खा जाएँगी····।

वह घबरा उठा, समझ नहीं सका कि यह सब क्या है, क्या हो सकता है, किसी कारण दोनों में लड़ाई हो गई है। लेकिन अगली रात क्या देखा कि वह काली बिल्ली अकेली छत पर बैठी जोर-जोर से अजीब-से स्वर में पुकार रही है, जैसे रो रही हो। वह पुकार इतनी अनवरत है कि वह उसे सह नहीं पाता। उठ कर बैठ जाता है। पत्नी उसे इस तरह बैठा देखकर पूछती है, "क्या हुआ ?"

वह बोला, "इस बिल्ली को देखो न, कैसे पुकार रही है। मुझसे सहा नहीं जाता।"

तभी सहसा वह चितकबरी बिल्ली एक ओर से उसी तरह पुकारती हुई आई और फिर दोनों एक-दूसरे से गुत्थमगुत्था हो गईं। वही चीख-पुकार, वही एक-दूसरे को झिंझोड़ना, कूदना। उसने चीख कर कहा, "यह सब क्या है ?"

पत्नी बड़े ज़ोर से हँस पड़ी, "इतना भी नहीं समझ सकते ? पुरुष होने की डींग मारते हो।"

वह बौखलाकर कुछ कहता कि वे बिल्लियाँ कूदती हुई उन दोनों के बीच से निकल गईं। दोनों बड़े जोर से काँपे और एक-दूसरे पर गिर पड़े।

(1966)

एक मौत समंदर किनारे

पत्रकार ललित बागची शैलेंद्र का पुराना यार है। लेकिन आज वह एक बहुत बड़ी फर्म का डायरेक्टर है, जहाँ केवल एक ही विभाग से वह प्रतिदिन तेरह हज़ार रुपए नंबर दो के धन के रूप में प्राप्त करता है। काश, यह धन उसे मिल जाए। वह रोमांचित होकर पूछता है, "क्या करते हैं आप इतने धन का? कहाँ रखते हैं इसे?"

इंपीरियल होटल के, 110 रुपए प्रतिदिन किराए के कमरे में बैठा बागची मुस्कराकर उत्तर देता है, "ऐश्वर्य और विलास की कोई सीमा नहीं होती। और रखने के लिए जूट की बोरियाँ सबसे अच्छा स्थान है।····चौंको मत। काला धन बोरियों में ही बंद रहता है। वहीं से उसका एक भाग विलासिता पर खर्च होता है। दूसरा भाग राजनीतिक पार्टियों को जाता है। सत्ता सेवा से नहीं, काले धन से प्राप्त की जाती है। और फिर सत्ता से काला धन अर्जित किया जाता है। 20वीं सदी के अर्थशास्त्र का यही मूल सिद्धांत है।"

शैलेंद व्यंग्य से मुस्कराता है, "एक बोरी मुझे नहीं दे दोगे?"

"धन दिया नहीं, लिया जाता है। तुममें ले जाने का साहस हो तो हम रोक नहीं पाएँगे। पर वह मार्ग तुम्हें स्वयं खोजना होगा, मेरी तरह, अपनी मित्र जाबाला की तरह।"

जाबाला का नाम सुनकर शैलेंद्र चौंकता नहीं है। उसी से मिलने तो वह यहाँ आया है। कुछ दिन पहले सुना था कि वह नवयुवक सेठ बाजोरिया की निजी सचिव बन गई है। वह निर्भीक और साहसी लड़की है, इतनी कि उसे आवारा और बदचलन भी कहा जा सकता है। वह शराब पीती है और अपनी इच्छा से किसी के भी साथ घूम सकती है। बुद्धिजीवी से लेकर उच्छृंखल व्यक्ति तक के साथ। निठल्ला शराबी हो या आवारा मसीहा—फर्क करना उसने नहीं सीखा।

उसमें एक ऐसी हविस है कि जो सब-कुछ को अपने में समेट लेना चाहती है, सब कुछ लेने के लिए और सब-कुछ देने के लिए। किसी के अहम् से टकरा जाना और किसी के लिए अपने को लुटा देना—दोनों का उसके लिए एक ही अर्थ है। वह मुक्त जीवन जीना चाहती है, पर शायद कहीं कुछ ऐसा है जिसकी तलाश में वह निरंतर बेचैन रहती है।

कमनीय देह-यष्टि, गौर वर्ण, मुस्कराते नयन, आत्मीयता की आभा से आलोकित मुखश्री, न द्विधा, न संकोच की छाया—उस दिन प्रशिक्षण केंद्र में चुनाव-समिति के

सामने जाबाला नाम की लड़की आई तो शैलेंद्र के अंतर में न जाने क्यों उसके लिए आकर्षण जाग आया। उसने सहज भाव से सभी प्रश्नों के संतोषजनक उत्तर दिए पर निदेशक को आपत्ति थी, "यह लड़की अपने पिता की इच्छा के विरुद्ध आई है। मेरे लिए उनकी आज्ञा अनिवार्य है।"

जाबाला बोली, "वयस्क हूँ। आवारा भी नहीं हूँ। माँ मुझसे सहमत है।"

शायद इसी दुर्घटना के कारण वह अन्ततः निदेशक के अहम् से टकरा जाती है। अचानक एक संध्या को शैलेंद्र पाता है कि वह उसके घर आ गई है। चकित होकर वह पूछता है, "तुम इस समय यहाँ ?"

वह मुस्कराती है, "आपकी सलाह चाहिए मुझे शैलेन दा। आपने ही तो मुझे यहाँ होने में मदद दी है। निदेशक ने मुझसे बदला लिया है।"

शैलेंद्र जानता है, उसे दो विषयों की परीक्षा फिर से देनी है। इसीलिए वह कहता है, "आंदोलन मत करो। डिग्री मिल जाने तक निदेशक के साथ सहयोग करो।"

वह एकाएक यह बात स्वीकार नहीं करती। तर्क करती है, लेकिन अन्ततः आंदोलन की राह छोड़ देती है।

फिर शैलेंद्र सुनता है कि वह पत्रकार बनने के लिए रिसर्च कर रही है। बीच-बीच में उसकी कहानियाँ वह पढ़ता रहता है। कितनी मुखर, कितनी निर्भीक। समलिंगी यौनाचार हो या मानवीय आवेग, सब का कैसा ग्रैफिक वर्णन करती है वह। मन पर गहरे उकरकर रह जाता है सब-कुछ।

मिलती है तो शैलेंद्र देर तक उसकी मुस्कराती समंदर आँखों में झाँकता रहता है। कैसी गहराई है, और कैसी बेचैनी ! गहराई और बेचैनी एक ही भावना के दो नाम⋯

फिर एक दिन सुनता है कि उसने अल्ताफ से शादी कर ली है। अल्ताफ किसी लड़की से प्रेम करता था। वह उसे छोड़कर चली गई। वह टूट गया। जाबाला उसी के साथ रिसर्च कर रही है। उसके दर्द को वह सह नहीं पाती। और इसी प्रक्रिया में वह उसकी हो रहती है। वह जाबाला, जो शराब पी सकती है, ऊँचे स्वप्न देख सकती है, बेचैनी को सौम्यता के पीछे छिपा सकती है। वही जाबाला कुछ पाने के लिए अल्ताफ को अपना लेती है। वह उसके परिवार को भी अपना लेती है। स्वयं कष्ट सहती है पर उन्हें अपना सब-कुछ दे देने में तनिक भी कृपण नहीं होती। अल्ताफ के छोटे भाई ने शैलेंद्र से कहा था, "भाभीजान में गजब की एडाप्टेबिलिटी है। ज़रा भी दुराव नहीं। जब भी चाहा, जो भी चाहा वही हमें उनसे मिला।"

यही मुक्तता वह अपने मित्रों से बरतती है और इसीलिए एक दिन टकराव की स्थिति पैदा हो जाती है। वह ऊब जाती है। रूढ़ प्यार बेचैन आत्मा को उबा ही सकता है। जाबाला ने अल्ताफ को जैसे अपनाया था वैसे ही मुक्त भी कर देती है। अपने से ही नहीं यातना से भी क्योंकि अदालती सम्मन के साथ-साथ उसे जाबाला का पत्र भी मिलता है, "अगर तुम परेशान होना नहीं चाहते तो सम्मन मत लेना।"

शैलेंद्र ने जाबाला से पूछा, "यह तुमने क्या किया? क्या तुम सचमुच अल्ताफ को प्यार करती हो?"

प्रश्न का सीधा उत्तर नहीं दिया उसने। बोली, "मैं आपका आदर करती हूँ, शैलेन दा। काश, इतना प्यार भी कर पाती। सुना भाभीजान को आप बहुत प्यार करते हैं।"

"पता नहीं, पर उसके बिना रहने की कल्पना नहीं कर पाता।"

जाबाला बोली, "इसी प्रवृत्ति से मैं मुक्ति पाना चाहती हूँ। मैं किसी भी दृष्टि से 'आश्रिता' नहीं बनना चाहती। सागर की लहर की तरह मुक्त रहना चाहती हूँ। उसे कोई बाँध सका है? न-न, कोई प्रश्न नहीं। उत्तर नहीं दे पाऊँगी। किसी दिन स्वयं समझ जाओगे। इतना ही जान रखो कि विवाह से पूर्व हम हमेशा गहरी अनुभूतियों की चर्चा करते हैं लेकिन कुछ ही दिनों के बाद वह सब-कुछ जो गहरा है फिसल जाता है और सतह पर के कुछ द्वंद्व बचे रह जाते हैं।"

और जाबाला मुस्कराकर शैलेंद्र को ऐसे देखने लगी कि वह सिहर-सिहर आया। बिजली की तरह एक विचार उसके मस्तिष्क में बार-बार कौंधने लगा, "प्रेम क्या कुछ और होता है?"

जाबाला अपने शैलेन दा के साथ सहज है। शराबी मित्र की शैया पर भी वह सहज है। अल्ताफ के आगोश में भी वही सहजता ढूँढ़ती रही है। यही तलाश उसे बेचैन किए हुए है।

युगों जैसे उन क्षणों में न जाने कितने चित्र उभरते हैं उसके मन के पटल पर कि सहसा द्वार खुलता है और मुक्त बयार की तरह जाबाला कमरे में प्रवेश करती है। मानो एक दिव्य सुगंध वहाँ भर आई हो। वह निस्संग भाव से शैलेंद्र के पास आ जाती है, सदा की तरह मुस्कराती हुई। फिर उसकी आँखों में झाँकती है। कहती है, "कितने अच्छे हैं आप कि आ गए। बागची ने जैसे ही बताया गद्‌गद हो उठी मैं। वैसे आप न भी आते तो मैं खोज लेती।"

शैलेंद्र कहता है, "जानता हूँ। पर कहो, कैसी हो?"

"बहुत अच्छी हूँ। बहुत भटकी हूँ। डगमगाते कदमों के नीचे कटती ज़मीन को बार-बार महसूस किया है, पर अब सेठ बाजोरिया की निजी सचिव हूँ। जानते होंगे आप, फिल्म प्रोड्‌यूसर बन गए हैं सेठजी। पहली कहानी मेरी ही है।"

"क्या तुम इसीलिए उनके साथ आई हो?"

"केवल इसीलिए नहीं," वह शरारत से मुस्कराती है, "वह युवक हैं। सुंदर हैं। प्रतिभाशाली हैं। और मन की बात कहूँ दादा, मैं समृद्धि को भोग देखना चाहती हूँ। भोग रही हूँ, इतना कि समेट नहीं पाती।"

"सुखी हो?"

जिस जाबाला को शैलेंद्र पहचानता था, उसे अब देखा। मुक्तभाव से वह अट्टहास कर उठती है। कहती है, "क्या है सुख की परिभाषा? कैसा है वह? मैं अपने

को धोखा नहीं देना चाहती। यहाँ तो केवल रोबोट ही सुखी रह सकता है। शायद महानगरों में, साँचे में ढले मन वाले रोबोट ही बसते हैं।"

तभी द्वार खुलता है। ललित बागची के साथ बेयरा भी अंदर आ जाता है। वह कॉफी की ट्रे मेज़ पर सजा देता है। उसमें चार प्याले हैं।

शैलेंद्र पूछता है, "चौथा प्याला किसके लिए है ?"

जवाब देती है जाबाला, "सेठजी के लिए। आपको उनसे न मिलाती तो क्या वे मुझे क्षमा करते ? खूब काला धन कमाते हैं। लेकिन कलाकारों का भी उतना ही सम्मान करते हैं। काला धन और कलाकार—राशि इन दोनों की एक ही है।"

एकाएक उन सब के सम्मिलित अट्टहास से वह कमरा गूँज-गूँज उठता है। साँस आने पर वह दुःख-भरे स्वर में कह उठती है, "क्या कह गई मैं। सचमुच लज्जित हूँ...."

द्वार फिर खुलता है। युवक बाजोरिया मुस्कराते हुए अंदर प्रवेश करते हैं और सीधे शैलेंद्र के पास आकर अपना हाथ आगे बढ़ा देते हैं, "हैलो शैलेंद्र साहब, कैसे हैं आप ?"

शैलेंद्र मुखौटे के पीछे की कृत्रिम ऊष्मता का अनुभव करता है और उसी गर्मजोशी से जवाब देता है, "अच्छा हूँ। उतना ही अच्छा, जितना एक मज़दूर हो सकता है।"

इस बार बाजोरिया और जाबाला दोनों एक साथ अट्टहास कर उठते हैं। दोनों में शायद यही समानता है। बाजोरिया हँसते-हँसते उत्तर देते हैं, "आप हीरा हैं और हीरा बनने के लिए मूल्य चुकाना ही होता है। दुनिया मुझे प्रणाम करने को विवश है। पर आपकी जयजयकार वह सहज भाव से करती है। मेरा सीमित संसार बादलों से ढँका है। आपका असीम जगत् मुक्त प्रकाश से जगमगाता है। आप देश के रत्न हैं, शैलेंद्र दा!"

पूरे समय जाबाला का अट्टहास मुखर होता रहता है। शैलेंद्र मुस्कराकर इतना ही कहता है, "मैं नहीं जानता मैं क्या हूँ ?...."

बाजोरिया तुरंत बात काट देते हैं, "कस्तूरी मृग भी नहीं जानता कि उसकी नाभि में क्या है ? कितना बेचैन रहता है वह कस्तूरी की तलाश में!"

शैलेंद्र कहता है, "मैंने उसे बहुत ढूँढ़ा है। सोलह हज़ार फुट तक हिमशिखरों पर गया हूँ। पर वह मेरे लिए छलना ही बना रहा।"

बाजोरिया फिर मुस्कराते हैं, "आप उसे कैसे ढूँढ़ पाते ? आप ही तो वह हैं। कस्तूरी अंदर है। आप ढूँढ़ते उसे बाहर हैं।"

इस बार हँसते-हँसते जाबाला अपनी आँखें शैलेंद्र की आँखों में डाल देती है। मानो कहती हो, 'देखा मेरे मित्र को ?'

बाजोरिया उसी तरह कहे जा रहे हैं, "कितने दुःख की बात है कि आज भी समाज में पैसे का महत्त्व है, लेकिन मैं उसे खींचकर उसवे स्थान पर ले आना चाहता हूँ।

इसीलिए मैंने जाबाला-जैसी प्रतिभा को अपना साथी बनाया है। एक दिन मेरा इंटरव्यू लेने आई थी....”

जाबाला बोल उठती है, “और वह इंटरव्यू है कि अभी तक समाप्त होने को ही नहीं आ रहा है।”

बाजोरिया उसी मुक्तभाव से कहते हैं, “हमारा-तुम्हारा इंटरव्यू क्या अखबारों में छपने के लिए है ? उस जीवनव्यापी इण्टरव्यू की रूपरेखा भी अभी तक नहीं बनी है।”

जाबाला हँसती रहती है, “आकाश की तरह है यह हमारा जीवन, न कुछ होकर भी इतना व्यापक कि थाह नहीं।”

बाजोरिया तुरंत उत्तर देते हैं, “उसी अनंत अनादि की थाह लेने चली हो तुम।”

“जीवन को सार्थक करना चाहती हूँ मैं। सीमित आकाश में स्वार्थ हो सकता है, सार्थकता नहीं है। सागर की चिर चंचल लहरें किनारों में बँधी हैं, इसीलिए बेचैन हैं।”

“सागर तुम्हें बहुत पुकारता है, जाबाला !”

“आपके पास इसी सागर के कारण तो हूँ। न जाने क्यों मैं सागर को समंदर कहना अधिक पसंद करती हूँ। उस शब्द की अनगढ़ता मुझे रास आती है। जो औघड़ और उद्दाम है वही मुझे प्रिय है।”

कॉफी अब तक प्यालों में डाली जा चुकी है। स्नेक भी हैं, पर शैलेंद्र जो वस्तु ढूंढ़ रहा था वह अब देखता है। बाजोरिया अपने हाथों से प्लेट में छिलके वाले नमकीन पिश्ते रखते हैं। शैलेंद्र जैसे जी उठता है, उसे ये पिश्ते बहुत भाते हैं। वह सेठों से नफरत करता है, पर फिर भी अनेक अनौपचारिक पार्टियों में उसे देखा जा सकता है ! और यह भी देखा जा सकता है कि खाते-खाते वह कुछ नमकीन पिश्ते धीरे-धीरे अपनी जेब में डालता रहता है।

फिर मित्रों के पास जाकर कहता है, “लो खाओ, देखे हैं ऐसे पिश्ते कभी तुमने ? एक-एक काफी होगा। पत्नी और बच्चों के लिए भी तो चाहिए। बेचारे एक-एक चखकर सपने में पेट भरकर खाएँगे।”

आज भी वह यही कहानी दोहराएगा और खूब हँसेगा। तब तक जब तक वह हँसी आसूँ नहीं बन जाती। आज के युग में हर आकांक्षा का अंत आँसू में ही तो होता है।

कॉफी की एक घूँट लेकर बाजोरिया बातचीत का सूत्र वहीं से उठा लेते हैं और कहते हैं, “जाबाला इतनी मुक्त, इतनी प्रभावशाली, इतनी सुंदर, फिर भी प्यार इसे अनगढ़ता से ही है।”

एक क्षण रुककर स्वयं ही उत्तर भी देते हैं, “प्रतिभाशाली सीधी लीक पर नहीं चलती। टेढ़ी-मेढ़ी रेखाओं का अनगढ़ वृत्त ही उन्हें प्रिय होता है।”

जाबाला कहती है, “आपको भी नहीं है क्या ?”

इस पर बाजोरिया मुस्कराकर रह जाते हैं, उत्तर नहीं देते। यह न देना अपने आप

में एक उत्तर है। फिर एकाएक जैसी आकस्मिकता से वह आए थे वैसी ही आकस्मिकता से चले जाते हैं। द्वार पर आकर निमिष मात्र को शैलेंद्र की ओर देखकर मुस्कराते हैं और अपने पीछे किवाड़ बंद कर देते हैं। जाबाला एक क्षण शैलेंद्र को देखती है, फिर कहती है, "क्षमा करना शैलेन दा, अभी आती हूँ।"

वह भी चली जाती है। अब शैलेंद्र बागची से पूछता है, "कैसी है यह लड़की जाबाला?"

"जानते नहीं?"

"खूब जानता हूँ फिर भी पूछता हूँ।"

"एक वाक्य मैं कहूँगा कि बड़े हिये वाली है। लेकिन उतनी ही...."

वाक्य पूरा हो पाता कि वह लौट आती है और शैलेंद्र से कहती है, "आओ, शैलेन दा।"

"कहाँ?"

"आओ न!"

शैलेंद्र उठता है। जाबाला बागची की ओर देखकर मुस्कराती है, "शैलेन दा से बहुत-सी बातें करनी हैं। बहुत दिनों बाद मिले हैं।"

जाबाला शैलेंद्र को जहाँ ले जाती है वह पीछे के लॉन का एकांत है। वे मुक्त-भाव से नीचे ही बैठ जाते हैं। उन दोनों के ठीक सामने रात की बाँहों में पिघलती संध्या में एक तारा नीलाभा बिखेर रहा है लेकिन उस पारदर्शी अंधकार में कुछ क्षण पहले के अमलताश के मोहक रंग अब अपनी पहचान खो बैठे हैं। कुछ देर वे साहित्य की बात करते हैं। जाबाला बताती है कि उसने क्या नया लिखा है। फिर एकाएक शैलेंद्र को हतप्रभ करती पूछ बैठती है, "सुनती हूँ इधर आपकी आर्थिक स्थिति अच्छी नहीं है। आकाश को छूने वाली...."

शैलेंद्र तीव्रता से बात काट देता है, "छोड़ो, छोड़ो। यह तो चलता रहता है, अपनी कहानी के बारे में बताओ।"

"वही तो बताने आई हूँ। एक अछूता प्रयोग किया है मैंने। मन के अँधेरे को रूप दिया है, शब्द नहीं दिए। तल पर कुछ नहीं दिखाई देता फिर भी अतल की गहराई तन-मन को जकड़ लेती है...."

एकाएक जाबाला फिर गंभीर हो जाती है, "एक बात पूछूँ, शैलेन दा! कभी आपका मन आत्महत्या करने को हुआ है?"

शैलेंद्र उसकी आँखों में झाँकता है, कहता है, "क्यों पूछती हो?"

"मन करता है कभी?"

"तुम्हारा करता है?"

"हाँ, मृत्यु मुझे बहुत सुंदर लगती है। जी करता है उसे आलिंगन में बाँधे रहूँ।"

"बाँध सकोगी?"

"आपको विश्वास नहीं होता ?"

"नहीं।"

"क्यों ?"

"क्योंकि तुम बहुत अच्छी हो। तुम इतनी अच्छी क्यों हो, जाबाला ?"

"क्योंकि आप बहुत अच्छे हैं।" वह सहसा अट्टहास कर उठती है। फिर दूसरे ही क्षण गंभीर हो आती है, "मैं अच्छी नहीं हूँ, शैलेन दा! मैं कतई अच्छी नहीं हूँ। भीतर का तनाव मुझे बहुत परेशान करता है। वह रोबोट या तांत्रिक तनाव नहीं है।"

"जानता हूँ वह सजीव मन का रचनात्मक तनाव है। महानगर के तनाव तुम्हारे भीतर के भाव और संवेदन को लील नहीं सके। मन अभी भी तुम्हारे कस्बे का है।"

जाबाला मौन हो रहती है। कई क्षण बाद उस गहराते सन्नाटे को शैलेंद्र ही तोड़ता है। पूछता है, "तुम मौत को इतना प्यार क्यों करती हो ?"

इस बार वह एक क्षण शैलेंद्र की आँखों में झाँकती है। फिर नीलाभ तारे की ओर देखती हुई धीरे-धीरे कहती है, "क्योंकि वह भी एक तलाश है। जिंदगी सुख की तलाश में भटकती है और मौत सत्य की। सुकरात ने आखिर इसी सत्य की तलाश के लिए ही तो जहर का प्याला पिया था।"

"बाजोरिया क्या सचमुच तुम्हें अच्छा लगता है ?"

"वह तो साधन है मेरी तलाश की राह का। उस राह पर मुझे सभी अच्छे लगते हैं।"

"वह शराब पीता है ?"

जाबाला अट्टहास कर उठती है, कहती है, "अनजान बनने का अच्छा अभिनय कर लेते हैं आप। मैं और वह दोनों साथ-साथ पीते हैं। कभी-कभी बागची भी होता है। कभी-कभी इसलिए कि मालिक और नौकर में फासला चाहिए। मैं भी कभी-कभी अकेले में बागची को कंपनी देती हूँ। लेकिन बहुत हो गई ये बातें। बताओ फिल्म के लिए कहानी कब दे रहे हैं ?"

"मुझे कहती हो ?"

"नहीं, उस नीलाभ तारे को।" और वह फिर अट्टहास कर उठती है।

कई क्षण के मौन के बाद शैलेंद्र कहता है, "देखूँगा कुछ हो सकता है क्या ?"

"हो सकता नहीं, होगा। आप मुझे कहानी भेजेंगे।"

फिर गहन मौन···

"अच्छा अब चलूँ।" शैलेंद्र सहसा उठ पड़ता है।

"जाएँगे। हमें भी सवेरे ही चल देना है। अच्छा हुआ मिलना हो गया। इस बार कॉफी हाउस जाना हुआ ही नहीं।"

दोनों बातें करते-करते द्वार तक आ जाते हैं। शैलेंद्र मुस्कराकर 'नमस्कार' की मुद्रा में हाथ जोड़ता है। जाबाला प्रसन्न मुद्रा में हँसती है फिर एक पैकेट शैलेंद्र के हाथ

में थमाकर हाथ जोड़ती है और मुड़कर एकदम चली जाती है।

ठगा-सा अनुभव करता शैलेंद्र यंत्रवत् द्वारा को पार करके सड़क पर आ जाता है और फिर पैकेट को खोल देता है। अचरज, उसमें खूब सारे छिलके वाले नमकीन पिश्ते हैं। एक लिफाफा भी है जिसमें एक हज़ार के नोट हैं। चिट पर लिखा है, 'कहानी के लिए अग्रिम। राह न दिखाइए।'

क्षण-भर में धरती न जाने कितनी बार उलट-पुलट होती है। वह कब बस में बैठता है, कब घर पहुँचता है, उसे कुछ पता नहीं चलता।

एक वर्ष तक फिर उनकी भेंट नहीं होती। बीच-बीच में बस पत्र आते हैं। उनमें बेचैनी मुखर से मुखरतर होती रहती है। जाबाला एक पत्र में लिखती है :

"शैलेन दा!

हिमालय की पुकार को लेकर एक बार आपसे बहुत चर्चा हुई थी। समंदर मुझे ठीक उसी तरह पुकारता है। कुहरे से ढके अगम्य गिरितुंगों की तरह समंदर का सौंदर्य भी तो भयानकता की सीमा तक आकर्षक होता है। लगता है कि सत्य कहीं उसी के तल में है। कस्तूरा जैसे नाभि की कस्तूरी की गंध से बेचैन घूमता है वैसे ही समंदर अंतर के सत्य से व्याकुल किनारों को तोड़ देने को आतुर रहता है। वही अंतर सत्य मुझे पुकार रहा है। मैंने आपसे महानगर की बात की थी। कहा था बहुत भटक चुकी हूँ। डगमगाते कदमों के नीचे कटती ज़मीन को बार-बार महसूस कर चुकी है। लेकिन जान पड़ता है महसूस करने की वह प्रक्रिया अभी भी समाप्त नहीं हुई है। महानगर प्रेत-ग्रस्त अँधेरे दुर्गों की तरह होते हैं। ऐसी स्थिति में समंदर की लहरें ही मेरे लिए 'माँ की गोद' बन सकती हैं।"

बीच का एक और पत्र :

"शैलेन दा!

महानगर की मुखौटों वाली ज़िंदगी से ऊब उठी हूँ। आपका मित्र बागची बहुत 'छोटा' है। ऐसे ही उसके वे मित्र हैं जो अपने को बुद्धिजीवी कहते हैं। बाजोरिया उनसे कहीं साहसी और खरा है। बागची, दो पैग के बाद कहने लगता है, "जाबाला, मैं तुमको सचमुच प्यार करता हूँ। दो क्षण नहीं दिखाई देती तो न जाने कैसे-कैसे होने लगता है।"

सुनकर मतली आने लगती है लेकिन बाजोरिया है कि कभी ऐसे शब्दों का प्रयोग नहीं करता। वह मुक्त और हठी है। पता नहीं मुझे हठी लोग क्यों अच्छे लगते हैं, समंदर भी तो हठी है। इतनी बेचैनी, फिर भी मर्यादा नहीं भंग करता।"

एक और पत्र था :

"शैलेन दा!

....मैं भी क्या छद्म-शिकार नहीं हूँ। न जाने क्या-क्या लिखती रही हूँ पर आज मन की बात लिखूँगी। ट्रंक्वेलाइजर खाते-खाते थक गई हूँ। न जाने क्या पाना चाहती हूँ! समंदर की लहरें कितनी चंचल, कितनी भयानक पर कितनी आकर्षक! वही

आकर्षण मुझे उनसे एकाकार होने का न्यौता देता रहता है।

शायद एक दिन सुन लोगे कि मैं एक ऊँची चट्टान से उमगती-उमड़ती उन भयानक लहरों की अतल गहराई में कूद पड़ी हूँ और खो गई हूँ। कभी-कभी खो जाना भी कितना अच्छा लगता है! हर व्यक्ति को अपनी ज़िंदगी और अपनी राह चुनने का अधिकार है लेकिन एक बार ही वह ऐसा कर सकता है फिर तो वह अपने को दोहराता रहता है।

मैंने आपकी कहानी के बारे में बात कर ली है। स्वीकार होना निश्चित ही है। सीनियरियो आप लिखना चाहेंगे क्या? मैं भी लिख सकती हूँ पर आर्थिक दृष्टि से आप ही लिखें तो ठीक होगा।

मेरी कहानी से पहले आपकी कहानी रजतपट पर आएगी। मेरी कहानी का सीनियरियो भी आप लिखें तो····इसे छोटे मुँह बड़ी बात न समझें।

आप तो धार्मिक व्यक्ति हैं। कभी-कभी मेरे मन की शांति के लिए भी प्रार्थना कीजिए न?"

अंतिम पत्र में लिखा था :

"शैलेन दा!

महानगरीय सभ्यता की कल अति हो गई। शासन में बहुत ऊँचे पद पर के एक व्यक्ति बाजोरिया से मिलने आए थे। उनके गहरे मित्र हैं। बागची से भी खूब निष्ठता रही है। मैंने भी संकोच नहीं किया। काफी देर पीते रहे। अचानक मेरी ओर मुड़कर वे बोले, "तुम्हारी प्रतिभा पर चकित हूँ। चाहता हूँ बहुत-सी बातें करूँ। करता ही रहूँ। सौंदर्य और प्रतिभा का मेल बिरल ही है। कल आ सकोगी मेरे गरीबखाने पर।"

मैंने पहले तो सहज भाव से उनकी आँखों में झाँका। फिर उत्तर दिया, "जी नहीं।"

"क्यों?"

"क्यों का उत्तर देने को मैं बाध्य नहीं हूँ।"

जैसे उनका नशा उतर गया हो। गहराते सन्नाटे को भंग करते हुए वे बोले, "मैं बाध्य करूँगा भी नहीं। फिर भी सोच देखना···"

बिना उत्तर दिए मैं वहाँ से उठ आई। चुनने की स्वतंत्रता से बड़ी यातना और कुछ नहीं होती लेकिन कुछ भी हो मैं दोहरा जीवन नहीं जी सकती। रोबॉट के यांत्रिक मन और व्यक्ति के सजीव मन में सामंजस्य कैसे हो, यह मैं नहीं समझ पा रही। शायद महानगर में तो मन होता ही नहीं। मिजाज या मूड होता है जो विशेष परिस्थितियों से कंडीशंड होता है।

बाद में बागची ने बड़े स्पष्ट शब्दों में मुझसे कहा, "वहाँ जाने से इन्कार करके तुमने बहुत बड़ी गलती की। मैं सोच ही नहीं सकता कि तुम्हारी-जैसी आधुनिका और मुक्त युवती को भी संकोच हो सकता है।"

बाजोरिया इतना ही बोले, "मना करने के और भी तरीके हो सकते थे।"

"आपको शायद मेरा मना करना ही अच्छा नहीं लगा।"

"मैं कहूँ 'हाँ' तो...."

मैं देखती रह गई। छद्म....छद्म ....कहाँ है सत्य, कहाँ...."

शैलेंद्र का मन सहसा बेचैन हो आया पर वह उत्तर दे पाता कि स्तब्ध कर देने वाले तीन पत्र एक साथ उसे मिले।

पहला पत्र उसके एक संबंधी का था :

"....इधर एक ऐसी दुर्घटना घटित हो गई कि मन की ग्लानि मिटती ही नहीं। कल रात जाबाला नाम की एक पत्रकार छोकरी समंदर में डूबकर मर गई। खूब पीती थी। कई पति करके छोड़ चुकी थी। हर वक्त नए की तलाश थी उसे। अपने सेठ बाजोरिया हैं न, उनकी प्राइवेट सेक्रेटरी थी। कहते हैं दोनों में प्रेम हो गया था। वह सेठ पर छा गई थी। बात कब तक छिपती। बाजोरिया की पत्नी को भी पता चल गया। उसने पति से बातें कीं। उन्हें समझाया, चेतावनी भी दी पर प्रेम तो अंधा होता है। फिर वह छोकरी सुंदर भी थी। बाजोरिया अपनी पत्नी से अलग रहने लगा। तुम जानो नारी तो प्रतिहिंसा की मूर्ति है। पैसे की कमी नहीं थी। उसने हत्यारे उनके पीछे लगा दिए।

बस उन्होंने उस रात मौका देखा। अमावस्या की रात थी और वर्षा के कारण समंदर तूफानी था। छोकरी ने खूब पी रखी थी। वे दोनों वहाँ आनंद मना रहे थे कि अचानक बाजोरिया के किसी कारण वहाँ से हटते ही उन्होंने छोकरी को तूफानी लहरों में फेंक दिया। वह चीखी। बाजोरिया दौड़कर आया। उसे डूबते देखकर कपड़े उतारे और कूद पड़ा। तैरना जानता था पर हत्यारों के सामने एक न चली। कुछ तो यह भी कहते हैं कि उसके कपड़े हत्यारों ने ही उतारे थे।"

दूसरा पत्र एक मित्र का था :

"....सुन ही लिया होगा कि जाबाला ने समुद्र में डूबकर आत्महत्या कर ली है। कहते हैं उसे बचाने के प्रयत्न में सुप्रसिद्ध उद्योगपति व फिल्म निर्माता मुकुल बाजोरिया के भी प्राण शेष हो गए।

मुझे मालूम है ट्रंक्वेलाइजर खाते-खाते वह टूट गई थी। वह बाजोरिया को पाना चाहती थी लेकिन बाजोरिया तो व्यापारी था। उसके इंगित मात्र पर उस जैसी कितनी ही उसकी पर्यंकशायिनी हो सकती थीं। फिर भी उसकी प्रतिभा का वह आदर करता रहा और इसीलिए उसे बचाने के प्रयत्न में स्वयं भी नामशेष हो गया।

और भी तरह-तरह की अफवाहें उड़ रही हैं पर...."

तीसरा एक पत्र बागची का था :

"....एक बहुत ही त्रासदायक समाचार दे रहा हूँ। समुद्र में डूब जाने के कारण कल जाबाला और बाजोरिया का प्राणांत हो गया। हम तीनों एक डिनर पार्टी से लौट रहे थे। काफी पी चुके थे। मुझे मेरे निवास-स्थान पर उतारकर वे चले गए। जाबाला बड़े

अच्छे मूड में थी। अपनी कई नई कविताएँ उसने आग्रहपूर्वक हमें सुनाईं, वे सब समंदर को समर्पित थीं। समंदर की पुकार उसे पागल किए रहती थी। उसकी एक कविता का भाव था—'तेरी बेचैनी ने तुझे कितना मोहक, कितना आकर्षक बना दिया है। तेरी कसमसाती बाँहों में पिसकर कितनी शांति मिलेगी।'

लोग बहुत कुछ कहते हैं पर मेरा अनुमान है, इसलिए कि मैंने उसे कूदते नहीं देखा, वह इसी सम्मोहन में लहरों में कूदी। लहरों ने जो चेतन अर्थात् सत्य था उसे लेकर शेष को लौटा दिया। उसका प्राणहीन शरीर रेत पर पड़ा मिला।

बाजोरिया ने उसे कूदते देखा होगा तो बचाने दौड़े होंगे। वह तैरना जानते थे और वस्त्र उतारकर कूदे थे जबकि जाबाला के शरीर पर पूरे वस्त्र थे। लहरों ने उन्हें भी निष्पंद करके लौटा दिया। दोनों का दाह-संस्कार करके लौटा हूँ।

एक दिन सब-कुछ पूर्वतः हो जाएगा लेकिन वे दो बेचैन व्यक्तित्व फिर नहीं लौटेंगे। बाजोरिया व्यापारी थे। दुस्साहसी भी एक सीमा तक थे। स्वार्थी भी आप कह सकते हैं पर उस असाधारण लड़की जाबाला का आकर्षण वे झेल नहीं पाए। मन की बात कहता हूँ, वे उससे मुक्ति पाने को आतुर हो उठे थे लेकिन सामने आने पर उसका सम्मोहन उन्हें निरस्त्र कर देता था।

जाबाला सुंदर थी, मुक्त थी। पर अंतर में कहीं बहुत गहरी बेचैनी थी उसके, एक रचनात्मक बेचैनी, कुछ करने, कुछ पाने की बेचैनी! उसी के लिए उसने तूफानी लहरों की गोद में आश्रय लिया।

इन दिनों वह तुम्हारी चर्चा बड़ी आत्मीयता के साथ करती थी। आश्चर्य, तुम दो दिशाओं के व्यक्तियों के बीच में यह आत्मीयता कैसे पैदा हो गई! लेकिन जाने दें ये सब बातें, अब तो वह नामशेष हो गई है, पर क्या कथाशेष भी हो सकेगी....

बहुत याद आएगी उसकी...."

(1974)

एक और कुंती

प्यारे दोस्त !

क्या आप कल्पना कर सकते हैं कि यह पत्र लिखने का निर्णय करने में मुझे पूरा एक वर्ष लगा। और अगर यह घटना न घटी होती तो शायद कभी न लिख पाती। मैं नहीं जानती कि आपको क्या कहकर संबोधित करूँ। आज निश्चय कर बैठी थी कि पत्र लिखकर उठूँगी। इसलिए सहसा जो संबोधन सूझा, वही लिख रही हूँ। उसके पीछे जानबूझकर दिया हुआ कोई अर्थ नहीं है। चिट्ठी लिखने का एक और भी कारण हो सकता है। उसमें मन उतर आता है। मैं मन खोलना चाहती थी किसी के सामने।

आपको याद होगा कि लगभग दो वर्ष पूर्व आप इस निकेतन में आए थे। तब मैं नई-नई यहाँ आई थी और नहीं जानती थी कि मैं जीती हूँ या मर चुकी हूँ। जीना-मरना केवल साँस के आधार पर तो नहीं होता।

लेकिन मैं इस मीमांसा में नहीं उलझना चाहती। आदमी गुत्थी सुलझाते-सुलझाते स्वयं उसमें उलझ जाता है। इसी उलझन से मुक्ति पाने के लिए तो मैंने साल-भर तक अपने से संघर्ष किया है। नर-नारी के संबंधों को लेकर मासिक 'प्रज्ञा' में मैंने आपका लेख पढ़ा था। उसके तुरंत बाद मैंने चाहा था कि आपको पत्र लिखूँ। वह लेख पढ़कर मैं कैसी-कैसी न हो आई थी। उसी 'होने' के परिणामस्वरूप यह पत्र है। बहुत-से लोग आते हैं यहाँ। बहुत-सी बातें कहते हैं। विरह-मिलन के दृश्य भी बहुत देखे हैं मैंने। व्यापार भी होता है यहाँ। लेकिन आपके साथ ऐसी कोई बात नहीं हुई। फिर भी मुझे आपकी बराबर याद आती रही। क्यों ? क्यों महसूस किया आपके साथ इतना अपनापन।

आपको बहुत अच्छी तरह याद होगा कि तब यद्यपि बादलों से मुक्त धुला-धुला आकाश बाहर आने का निमंत्रण दे रहा था लेकिन, मैं एक कोने में पाँच बच्चों से घिरी हुई एक जिंदा लाश की तरह पड़ी थी। मुझे दिखाकर संचालिका ने आपसे कुछ कहा था। सुन कम पाई थी, समझी बहुत कुछ थी। जिस समय आप मेरे पास से होकर चले गए और ठीक उस खिड़की के पास आकर खड़े हो गए जहाँ मैं लेटी हुई थी, तब मुझे मालूम हुआ कि आप कौन हैं। मुझे देखकर आपके चेहरे पर कोई भाव नहीं आया था या आपने आने नहीं दिया था, मैं नहीं जानती। लेकिन जब आप पीछे खड़े थे तब मैंने आपकी बातें सुनी थीं। संचालिका ने आपसे कहा था, "देखिए, बहुत लोग आते हैं यहाँ और बहुत कुछ लिखते हैं यहाँ के बारे में, लेकिन मैं आपसे एक प्रार्थना करती हूँ, इसलिए करती हूँ कि आप लेखक हैं और लेखक संवेदनशील होता है। आप इस नारी

के बारे में कुछ न लिखिए··· ।"

आपने कहा था—यद्यपि उस कहने के बीच में कई क्षण बीत गए थे और मैं जानती हूँ उन क्षणों में आपके हृदय में समुद्र-मंथन हुआ था। आपने दीर्घ निःश्वास लेकर एक ही शब्द कहा था—"अच्छा !" लेकिन इस एक शब्द के पीछे कितनी वेदना, कितनी अनुभूति और कितनी विवशता थी। आपके चेहरे पर व्यक्त वही त्रासद विवशता धीरे-धीरे समूचे शरीर में फैल गई थी। मैं तड़पकर उठ खड़ी हुई थी। मैंने खिड़की की सलाखों को पकड़कर उस ओर झाँका था। तब आप धीरे-धीरे संचालिका के साथ बाहर जा रहे थे। मैं कई क्षण तक उन ठंडी सलाखों पर जलते आँसुओं से भरा अपना चेहरा टिकाए देखती रही। द्वार के पास पहुँचकर आप मुड़े। मुझे देखने के लिए नहीं, बल्कि संचालिका को नमस्कार करने के लिए। लेकिन आपने मुझे न देखा हो, मैंने आपको देख लिया था। और उसी क्षण मैं समझ गई थी कि आप भले ही मेरी कहानी को कागज पर न उतार सकें पर अपने अंतर में उसे निरंतर झेलते रहेंगे··· ।

संचालिका ने आपको मेरी कहानी बताई होगी। लेकिन क्या सचमुच बता सकी होंगी ? कोई नहीं शब्द दे सकता मेरी व्यथा-कथा को। मैं भी नहीं। सहते-सहते अनुभव करने की मेरी शक्ति समाप्त हो गई है। पर क्या आप विश्वास करेंगे कि आपका वह लेख पढ़कर मैं स्वयं पहली बार अपनी कहानी को समझ सकी। जानती हूँ आपने वह लेख मेरे लिए नहीं लिखा था। आपने मात्र अपनी सात समंदर पार के किसी देश की यात्रा के संस्मरण लिखे थे। सात समंदर पार के बारे में मैंने बहुत-सी कहानियाँ अपनी नानी से सुनी थीं। एक साहसी राजकुमार और एक सुंदरी राजकुमारी की कहानियाँ। लेकिन आपने जो लेख लिखा था उसमें न राजकुमार की चर्चा थी, न राजकुमारी की। फिर भी उसमें अद्‌भुत साहस और अनोखे सौंदर्य की कथा गर्भित थी। नर-नारी के संबंधों की कथा···

मेरी कहानी उन्हीं संबंधों की व्यथा-कथा है। मैं एक तथाकथित सुसंस्कृत परिवार की बेटी और एक उतने ही सुसंस्कृत तथा संपन्न घराने की बहू थी। स्वयं सुंदर, मोहक और आकर्षक। उस दिन भी, बेशक वह ठंडा था, लेकिन एक अनोखा आकर्षण पाया होगा आपने मेरी उदास-उनींदी आँखों में। इन्हीं आँखों के रहते तो मैं बार-बार छली गई। जिस समय मैं उन्नीस वर्ष की थी उस समय कैसी लगती थी, इसकी कल्पना आप नहीं कर पाएँगे। सौंदर्य को शब्दों में बाँधना एक बात है, उसे सचमुच अनुभव करना दूसरी बात है। मैं आकंठ ऐश्वर्य और विलास में डूबी अपने पति के साथ उस अनूठे जीवन को भोग रही थी और समय एक सुनहरे सपने की तरह बीत रहा था।

उन्हीं दिनों सहसा मेरे प्रांत के भाग्याकाश पर विपत्ति के बादल फट पड़े। वे कैसे देश का दुर्भाग्य बन गए, यह आपको बताने की आवश्यकता नहीं है। उस महानाश में कौन कहाँ गया, किसके साथ क्या बीती, इतिहासकार इसको खतिया कर कभी नहीं देख पाएँगे। देखना चाहिए भी नहीं। अपने कलंक को अमर कर देना क्या अच्छी बात है ?

काल ने बड़ी नृशंसता के साथ हमें इस बात का अहसास करा दिया कि उपयुक्त अवसर आने पर एक क्षण में ही, प्रभु की सर्वोत्तम कृति मानव, राक्षस में रूपांतरित हो रहती है।

मैं फिर उलझने लगी। अंदर जो घटाटोप है लाख प्रयत्न करने पर भी वह निरंतर विस्तृत होती दरारों में से होकर, चारों ओर बिखर जाता है। अचानक एक दिन भयंकर आक्रमण हुआ हमारे घर पर। कैसे शब्द दूँ उस वीभत्स दृश्य को। घर के अधिकांश सदस्य शरणार्थी शिविर में जा चुके थे। बस मैं और मेरे पति रह गए थे वहाँ, अंत में जाने के लिए। उन्होंने साहस के साथ मुकाबला किया पर···पर···उन दरिंदों ने उन्हें मार डाला और···और फिर···फिर उनकी लाश पर···बलात्कार किया···मेरे साथ···

एक साँस में पागल की तरह बोल जाता है न आदमी, वैसे ही एक साँस में मैं इसे लिख गई। दूसरा साँस लेती तो लिख न पाती। जब होश आया तो मैं एक छोटे-से कच्चे और गंदे मकान में लेटी हुई थी। नितांत अकेली, असहाय, अपंग। प्राणहीन हो गए थे मेरे सारे अंग। मैं उन्हें हिला नहीं सकती थी। मैंने सोचा, शायद मैं मर गई हूँ और अपने पापों का दंड भोगने के लिए मुझे नरक में ढकेल दिया गया है। कोई रात को स्वप्न में नंदन कानन के सपने देखे और सवेरे अपने को नरक में पाए। कैसा आघात लगेगा उसे! लेकिन वह नरक भी नहीं था, क्योंकि धीरे-धीरे प्रकाश मेरे चारों ओर फैलता आ रहा था; मेरी चेतना लौट रही थी। मैं उठने का प्रयत्न करूँ कि तभी किवाड़ खोलकर एक व्यक्ति मेरे सामने आ खड़ा हुआ। कई क्षण वह मुझे देखता रहा अपलक। मैं भी देख रही थी उसे और पलक झपक रही थी बार-बार। वह बोला, युगों बाद कहीं दूर से, "कैसी तबीयत है?"

मैं एकाएक चीख उठी, "मैं कहाँ हूँ, यह कौन-सी जगह है? तुम कौन हो?"

वह एक स्वस्थ व्यक्ति था। उसके चेहरे पर क्रूरता नहीं थी। वेदना के ऊपर आरोपित कठोरता थी। उसने बताया धीरे-धीरे, "मैं नहीं जानता, तुम कौन हो, तुम्हारे घर वाले कहाँ हैं? गुंडे कुछ औरतों को भगाकर लिए जा रहे थे। लेकिन फौज ने उन्हें ढूँढ़ लिया। उस मुठभेड़ में बहुत-सी लड़कियाँ इधर-उधर भाग गईं। जब सब लोग चले गए तो मैंने तुम्हें एक खेत में बेहोश पड़े पाया। मैं कौन हूँ यह जानने की कोशिश मत करो अभी। इतना समझ लो कि मेरा नाम नूर है। तुम बताओगी तो मैं तुम्हारे घरवालों को खोजने की कोशिश करूँगा।"

न जाने कैसी संवेदना थी उसके इन सीधे-सच्चे शब्दों में। मैं रो पड़ी और सुबकियों के बीच उसे अपनी दास्तान सुनाने लगी। कई क्षण वह कुछ नहीं बोला, "जैसे कुछ अकथनीय कहने के लिए साहस बटोर रहा हो। कई क्षण बाद धीरे-धीरे उसने कहा, "मैं जानता हूँ उस शहर में अब तुम्हारे घर-परिवार का कोई आदमी नहीं बचा है। जाति का भी नहीं। कुछ शरणार्थी शिविरों में चले गए हिंदुस्तान जाने के लिए, कुछ नफरत और हिंसा के सैलाब में बह गए···।"

मैं तड़प उठी थी। मैंने चीखकर कहा था, "क्या मैं नहीं जा सकती शिविर में?

क्या आप मुझे यहाँ से निकल जाने में मदद नहीं कर सकते?····क्या आप कृपा कर··· ।"

वह दीवार के सहारे खड़ा था। थोड़ा पास आया मेरे। बोला पहले की तरह बहुत धीमे-धीमे, "अभी कुछ नहीं हो सकता। चारों ओर दहकता हुआ लावा फैलता जा रहा है अभी तो। किसी अँधेरी रात में तुम्हें अपने घर ले जाऊँगा। तुम्हारे लिए नए कपड़े ले आया हूँ। और···तुम अब आयशा हो।"

"क्या?"

"हाँ, तुम अब आयशा हो। समझती हो।"

प्यारे दोस्त! वे कपड़े पहनते न पहनते मैं कितना रोई थी। फिर भी हुआ वही जो नूर ने चाहा था। आगे वाली पहली अमावस की रात में मैं मानो हमेशा के लिए नकाब पहनकर उसके घर चली गई। मर न सकी। मर जाना चाहिए था न, पर अपने से अजनबी हो रहना मरने से कहीं त्रासद होता है। मैं जानती थी कि नूर ने मुझे इसीलिए बचाना चाहा था कि मैं नारी थी और सुंदर भी····नर-नारी का यही संबंध शाश्वत है न····

और एक बात बताऊँ। नूर अविवाहित और हिंदू था। कई दिन बाद पता लगा था मुझे। वह अपनी ज़मीन-जायदाद बचाने के लिए मुसलमान बना था।

बहुत लंबी कहानी है मेरी। टुकड़ों-टुकड़ों में ही कह पाऊँगी। आप चाहें तो उपन्यास लिख सकते हैं। पर मेरा अनुरोध है, न लिखिए। कोई कैसे शब्द दे सकता है उस भावना को जो मेरे मन में तब उठी थी जब मैंने अनुभव किया था कि मैं माँ बनने वाली हूँ। दर्द और नफरत का सैलाब मेरे अस्तित्व को लील गया था तब। मैंने पेट पर मुक्के मार-मारकर गर्भ गिराने की नाकाम कोशिश की थी पर नूर सजग था। मैं अपने मन्सूबे में कामयाब नहीं हो सकी। सच तो यह है कि मेरे अपने अंदर ही कोई था जो मेरे मन्सूबों को नाकाम बनाने पर तुला हुआ था। अपने ही 'मैं' के दोहरेपन को हम कब समझ पाते हैं।····

मेरा एक और बेटा था जिसे मैं पीछे छोड़ आई थी। उसकी याद करके मैं अक्सर रोती थी। पति तो अब आने वाले नहीं थे पर क्या मैं अपने बेटे को भी नहीं देख पाऊँगी····लेकिन मैं तो नए बच्चे की बात बता रही थी। कहाँ से आया यह, कैसे आया? नूर तो उस सारे समय मेरे पास तक नहीं आया तब····तब ····उस बलात्कार का नतीजा है यह। हे मेरे प्रभु! तुम ही क्या····सचमुच ही····

कितना पुकारा था मैंने उस निर्मम को पर वह नहीं पसीजा और समय धीरे-धीरे फिसलता रहा और मुझे लगता रहा जैसे वह ठहर गया है। मेरे चारों ओर एक सुलगता अग्निकांड है जिसमें से उठती आदमी के रक्त-मांस की चिड़ायंध मेरे नासा-रंध्रों में घुसती जा रही है। मैं सोते-सोते चीख उठती। मैं बाहर भागने को पागल हो उठती····

लेकिन इस विभीषिका के बीच में नूर था कि अडिग चट्टान की तरह खड़ा रहा।

वह मेरे पास भी नहीं आता था, दूर भी नहीं जाता था। उसने मेरे आँसू पोंछने की भरसक कोशिश की। मेरे परिवार का पता लगाने का प्रयत्न किया लेकिन सफल नहीं हो सका। तब एक दिन वह मेरे पास आकर बैठ गया और बोला, "धीरे-धीरे आग बुझ रही है! तुम लोगों को निकालने के लिए सेना आती रहती है। चाहो तो तुम भारत जा सकती हो।"

आश्चर्य! मैं तब पुरइन के पत्ते की तरह काँप उठी थी। और मैंने चीखकर कहा था—"नहीं, नहीं। मैं नहीं जा सकती। मैं नहीं जाऊँगी।"

तब पहल बार उसने मेरा हाथ अपने हाथ में लेकर थपथपाया। उस स्पर्श के साथ न जाने कैसी भीगी-भीगी संवेदना मेरी रग-रग में प्रवाहित होने लगी। मुझे अच्छा लगने लगा। उस दिन वह चुपचाप चला गया। लेकिन तीसरे दिन, पाँचवें दिन, सातवें दिन उसने फिर यही कहा। मैं निरंतर लड़ती रही अपने-आप से। पंद्रहवें दिन आकर वह बड़े प्यार से बोला, "चलो। वे लोग बहुत पास हैं। मैं तुम्हें छोड़ आता हूँ। तुम न जाना चाहो तो मैं उन्हें यहाँ बुला लाऊँगा।"

मैं अब पूरी तरह शांत थी। पूरी दृढ़ता से मैंने जवाब दिया—"मैं नहीं जाऊँगी। तुम सब-कुछ जानते हो। फिर भी मुझे जाने को कहते हो? क्यों···!"

तब तक वह मुझे अपनी कहानी सुना चुका था।

कई क्षण मेरी ओर देखता रहा। उसके बाद उसने कभी मुझसे जाने के लिए नहीं कहा। अब मुझे जीवन-भर यहीं रहना था।

मेरे दोस्त! घोर अवसाद में डूबे रहने के बावजूद उस दिन मेरे उदास चेहरे पर पहली बार मुस्कराहट उभरी थी। इसी के साथ शुरू हुआ मेरी कहानी का दूसरा अध्याय। एक दिन मैं माँ बनी। अत्याचार की राह आए उस नए शिशु को देखती तो मेरी सुबकियाँ फूट पड़तीं। लेकिन उस मासूम की दृष्टि में न जाने क्या था कि एक निराली पीर कसक उठती मेरे अंतर में और मुझे उन्माद से भर देती। नारी के कारावास की कहानी यहीं से आरंभ होती है···।

मेरे दोस्त! क्या आप विश्वास करेंगे कि छः माह बीतते-न-बीतते मैं फिर माँ बनने को हुई। मैं अब नूर की पत्नी थी। उसने मेरे बच्चे को अपना लिया था और मैंने अपने अंतर से पिछले जीवन को धो-पोंछ डाला था। धो-पोंछ डालने की यह प्रक्रिया कितनी मर्मान्तक थी। उसकी अब क्या चर्चा करूँ। क्यों करूँ। पति चले गए थे। उनका परिवार मुझे स्वीकार कर नहीं सकता था। बस बेटे की याद आती थी। कैसी विडंबना है जो प्यार की राह आया वह दूर हो गया और जो····

अब वह कहानी नहीं। लेकिन मेरे कहने मात्र से तो कहानी खत्म नहीं हो सकती। यहाँ के लोग जानते थे कि नूर ज़मीन-जायदाद को बचाने के लिए मुसलमान बना है। धीरे-धीरे वे उस पर दबाव डालने लगे। और जैसे ही उसने प्रतिरोध करने की कोशिश की, उन्होंने उसे मार डाला। क्षत-विक्षत तन-मन लिए मैं फिर दोराहे पर खड़ी

थी पाषाणवत्। नारी भी तो ज़मीन ही होती है न, और ज़मीन के पास उसकी अपनी कोई आवाज़ नहीं होती। अन्नपूर्णा होकर भी वह संपत्ति होती है किसी नर की····

सातवें दिन एक और नर के पदचाप बिलकुल मेरे पास आकर रुके। मैंने आँखें खोल दीं। वह मेरे पास बैठ गया। बोला, "फारूखी हूँ। यहाँ कॉलेज में पढ़ाता हूँ। मुझे बहुत दुःख है कि नूर बेगुनाह मारा गया। वह मेरा दोस्त था। उसने मुझे यह मकान देने का वायदा किया था। नहीं····डरो नहीं, मैं तुम्हें जाने के लिए नहीं कहूँगा। तुम यहीं रह सकती हो···· ।"

मैं पूरी तरह मोहताज बनी आँखें फाड़े-फाड़े छत की ओर देखती रही। मैं जानती थी, मैं खूबसूरत हूँ और जवान हूँ। इन दो-ढाई वर्षों में मैंने क्या कुछ नहीं भुगता। लेकिन यौवन का ज्वार तो जैसे मेरे शरीर में अड़ी मारकर बैठ गया था। मौत बार-बार पास आकर लौट जाती थी। इस बार भी लौट गई। मैं एक ज़िंदा लाश की तरह जीती रही।

मेरे दोस्त! आपने नर-नारी की समानता के लिए एक-दूसरे के आकर्षण से मुक्ति की बात कही है पर क्या आप विश्वास करेंगे कि प्रोफेसर फारूखी के इसी आकर्षण ने मुझे एक बार फिर जीवनदान दिया। एक बार फिर मेरे अंगों में वसंत की बयार बहने लगी। हर औरत के अंतर में बराबर एक मर्द रहता है। फारूखी सचमुच मर्द था और शायर भी। उसके अनेक अशआर आज भी मेरे अंतर को आलोकित करते रहते हैं। उसने मेरे साथ निहायत शरीफाना बर्ताव किया। उसने मेरे दोनों बच्चों को किसी तरह का अभाव नहीं खटकने दिया। मोहब्बत और इंसानियत की हवा पाकर वे जैसे पनप उठे। और पनप उठा मेरा अंतर्मन। दिलों का रिश्ता शरीर के रिश्ते से जुड़ गया। उसने मुझसे बाकायदा निकाह किया। मेरा नाम सुरैया रखा। चौथा पुरुष था वह मेरे जीवन में। आपने लिखा है पश्चिम की नारी सहज भाव से कह सकती है, 'मेरा चौथा पति।' प्राचीन भारत में भी शायद कुंती ने कहा होगा, 'इंद्र मेरा चौथा पुरुष है।' और द्रौपदी तो एक समय पर पाँच पतियों की प्राणवल्लभा थी। वे सब हमारी प्रातः स्मरणीया-पूज्या हैं। लेकिन क्या मैं कभी कह सकूँगी, 'फारूखी मेरा चौथा पुरुष था। मैं चौथी बार माँ बनने जा रही हूँ।'

समय के प्रवाह में नर-नारी के संबंध कहाँ-से-कहाँ बन गए····

मैं फिर उलझने लगी तर्कजाल में लेकिन एक बात मैं पूरे विश्वास के साथ कह सकती हूँ। यदि मैं अपने पहले पुरुष के साथ रहती होती तो मेरे चौथी बार माँ बनने पर आनंद और उल्लास से वातावरण महक उठता। अजस्र आशीर्वादों की वर्षा होती मुझ पर। मातृत्व के गौरव से मेरा भाल चमक उठता। माँ मैं अब भी बनती थी पर गौरव करने लायक कहीं कुछ नहीं होता था। होती थी एक विवशताजन्य उदासीनता, लेकिन मुझे यह स्वीकार करने में आज तनिक भी लज्जा नहीं है कि उस पठान को छोड़कर जिसका मैं नाम तक नहीं जानती, नूर और फारूखी, दोनों ने मुझको प्यार दिया। जब-तब

छा जाने वाले गहरे अवसाद के बावजूद मैंने उस प्यार को जिया। मन की उन बातों को छिपाने का आज कोई कारण नहीं है। किसके लिए छिपाऊँगी इस दुचित्तेपन को? मनुष्य केवल अपनी आंतरिक शक्ति के सहारे नहीं जीता बल्कि उसे उस शक्ति की भी आवश्यकता होती है जो उसे दूसरों की हमदर्दी से मिलती है।

लेकिन यह आनंद भी स्थायी नहीं हो सका। अचानक एक दिन फारूखी घबड़ाया हुआ आया। बोला, "सुरैया! दुश्मन कामयाब हो गए। मुझे यहाँ से दूर एक कॉलेज में बदल दिया गया है। मुझे आज ही जाना होगा।"

हठात् जैसे मैं खौलते कढ़ाव में गिर पड़ी हूँ। चीख उठी, "नहीं, मैं अकेली नहीं रह सकती। मैं तुम्हारे साथ चलूँगी।"

पर मैं कैसे जा सकती थी। मैं अभी-अभी चौथी बार प्रोफेसर फारुखी के बेटे की माँ बनी थी। उस रात हम सो नहीं सके। तमाम समय उसे बीतते देखते रहे और वह सांत्वना देता रहा। सवेरा होते-न-होते वह चला गया। जाते समय उसने सच बात बताई, "मैं आऊँगा। मैं जानता हूँ, यह सब जालसाज़ी है। मुझसे यह मकान छीन लिया गया है। मुझ पर यह इल्ज़ाम लगाया गया है कि मैंने नूर को मार कर उसकी बीवी को नाजायज़ तौर पर रखा हुआ है और कि तुम हिंदुस्तान से भगाई हुई एक हिंदू औरत हो। मैं परदेशी हूँ सब हाकिम उनकी तरफ हैं। लेकिन मैं आऊँगा। मैंने तुम्हारे लिए सब इंतज़ाम कर दिए हैं। आया आती रहेगी तब तक।"

उसने अंतिम बार मेरा चुंबन लिया और देर तक मेरी उँगलियों को पकड़े मेरी आँखों में झाँकता रहा। उस दृष्टि से बहते प्यार, दर्द और क्षमा की एक गुनगुनी धारा ने मेरे बाँध को तोड़ दिया। उसके जाते ही मैं सिसकने लगी····

तीसरे दिन जब मैं अपेक्षाकृत शांत थी मैंने मुजफ्फर को अपने सामने पाया। उसकी आँखों में शरारत थी और ओंठों पर थी मंद-मंद मुस्कान। वह मुझसे इजाज़त लेकर अंदर आया। उसने धीरे-धीरे कहा, "मुझे बहुत अफसोस है, प्रोफेसर साहब तुम्हें छोड़कर चले गए। उम्मीद नहीं कि वह अब लौटेंगे। क्या तुम हिंदुस्तान जाना चाहोगी?"

मैं एक बार फिर ज़िंदा लाश में बदल चुकी थी। फिर भी मैं झूठ नहीं बोल सकी। कई क्षण देखती रही उस पुष्ट कंधों वाले पंजाबी युवक को। फिर बोली, "मैं कहीं नहीं जाना चाहती। बस मरना चाहती हूँ।"

वह मुस्कराया, "ठीक है, मैं दो दिन बाद तुम्हें अपने गाँव ले जाऊँगा। वहाँ तुम्हें यह ज़ाहिर करना होगा कि तुम हिंदुस्तान के लोगों से सताई हुई एक मुस्लिम खातून हो।"

मुझे ऐसा लग रहा था जैसे कहीं बहुत दूर से आकर ये शब्द मेरे मस्तिष्क में केंचुओं की तरह रेंग रहे हों। सुनती हूँ केंचुएँ बहुत बढ़िया किस्म की खाद बनाते हैं। मैं तो····नहीं शायद मैं भूली, मैं शायद तब खाद बनकर ही रह गई थी, बढ़िया किस्म की

खाद, जिसमें से बदबू नहीं उठती। काश, मुझमें से बदबू उठ सकती····।

प्यारे दोस्त! एक दिन सचमुच मैंने अपने-आपको एक छोट-से खुशहाल देहात में पाया। वहाँ स्त्री-पुरुष सब मिलकर खेती करते थे और फिर हीर-राँझा के गीत गाते थे। कितनी मस्ती थी उस आलम में। वहाँ की सुहानी धूप तक हमसे लिपट-लिपट जाती थी। बचपन में माँ-बाप के साथ ऐसे ही देहातों में रहते हुए मैंने न जाने कितने सतरंगे सपने देखे थे। इसलिए बहुत देर तक मैं उस वातावरण से अछूती न रह सकी। बयार की मादकता ने मेरे उभारों को फिर से आकर्षक बना दिया। मैंने निश्चय किया था कि अब मैं किसी को अपने पास नहीं आने दूँगी। लेकिन पास आने या न आने देने वाला कोई 'मैं' थोड़े ही होता है। वह तो एक गंध होती है, नर-नारी के संबंधों की गंध जो किसी एक के अंगों से फूटती है और किसी दूसरे के अंगों को खींच लेती है।

फ़ारूखी इस स्वाभाविक आकर्षण को न जाने क्या-क्या नाम दिया करता था पर मुजफ्फर था कि भाषा से नितांत अपरिचित था। उसकी आँखों की शरारत, उसके ओंठों की मुस्कान और बाँहों की जकड़न इतनी मांसल थी कि लोथ में भी जीवन की चाह पैदा कर देती थी।····

इसका जो परिणाम हो सकता था वही हुआ। नारी फिर माँ बनी। इस बार दो जुड़वाँ बच्चों की माँ। नियति का व्यंग्य कितना क्रूर होता है। मेरे पाँच बेटे थे अब। कुंती के भी पाँच बेटे माने गए हैं। छठे को जो, उसका पहला था, उसने स्वयं त्याग दिया था। मेरा भी छठा बेटा है, मेरे प्रेम का प्रतीक पर वही मुझसे छीन लिया गया।

आपको नाम तो बताए ही नहीं उनके। आवश्यक नहीं है पर बिना नाम यहाँ कुछ नहीं चलता तो, मान लीजिए तब उनके नाम थे—अनवर, अशरफ, असगर, अहमद और अली।

आप पूछेंगे, "छठे बेटे का नाम क्यों नहीं बताया।" जब वह मेरा रहा ही नहीं तब नाम लेकर क्या करूँगी। फिर भी उसका नाम है आशिम।

तो मेरे दोस्त! मेरी ज़िंदगी का चक्र इस तरह तेज़ी से घूम रहा था। उन गाँव वालों की दृष्टि से मैं पाँच बेटों की माँ थी बेहद खुशकिस्मत और सुखी भी। मुजफ्फर को मेरे निगोड़े रूप का जादू पागल बनाए हुए था। लेकिन यह कोई नहीं जानता था कि इस सुख और सौंदर्य को भोगने वाली मात्र एक जीवित लाश, संस्कार और सभ्यता के आवरण से मुक्त एक कठपुतली, जो न जाने कौन-सी नियति के इशारे पर यह सब-कुछ करने को विवश थी।

इसके पीछे नर-नारी के शाश्वत संबंध थे या वे खतरनाक परिस्थितियाँ थीं जिनमें मैं अपने बावजूद उलझती जा रही थी। और स्वामित्व जताने वाले हर पुरुष को मैं प्यार करने का नाटक करती थी। लेकिन नाटक करने की भी एक सीमा होती है। मैं जैसे टूट गई और मैंने तय कर लिया कि इस उर्वर भूमि पर अपना जीवन गुज़ार दूँगी। मैं मुजफ्फर की बीवी हूँ, उसी की रहूँगी। पांडु की तरह वह मेरे पाँचों बच्चों का बाप

कहलाएगा। और फिर मैं एक दिन बूढ़ी होकर अपने किसान बेटों के हाथों यहीं की ज़मीन में दफना दी जाऊँगी। न सही मंत्र-पाठ, कुरान शरीफ की आयतें मेरी मिट्टी को मिट्टी के सुपुर्द कर देंगी।

लेकिन कुरुक्षेत्र का युद्ध अभी पूरा नहीं हुआ था। उस दिन मुज़फ्फर घर लौटा तो बेहद परेशान था। उसने कहा, "तुम यहाँ नहीं रह सकोगी। तुम्हें और दूर पहाड़ों के उस पार जाना होगा। तुम्हारे देश वाले तुम जैसी औरतों को ढूँढ़ते फिर रहे हैं और उन्हें शक है कि एक औरत इस गाँव में भी है।"

कितनी बार हुआ था यह। मैं स्तब्ध न हो सकी, पथराई आँखों से देखती रह गई उसे बस। उसने मुझे बाँहों में समेट लिया। बोला, "तुम परेशान मत होओ। सब इंतज़ाम कर दिया है मैंने। मेरा दोस्त है वहाँ।"

"तुम नहीं चलोगे?"

"अभी तो नहीं पर, आऊँगा, जल्दी आऊँगा।"

हर बार नियति ने मुझ से छल किया। हर बार मुझे लगा कि मैंने स्वयं ही, स्वयं की हत्या की है। हर बार मैं अपने से पूछती, 'यह तू ही है क्या?....'

उस रात चुपचाप घुप्प अँधेरे में मैं बिना किसी से मिले, अपने पाँच बच्चों के साथ मैं एक अनजान प्रदेश की ओर रवाना हुई। अहमद और अली तब एक-एक वर्ष के थे। असगर, अशरफ और अनवर क्रमशः दो, तीन और चार वर्ष के हो रहे थे। कई दिन की यात्रा के बाद हम एक छोटे-से पहाड़ी गाँव में पहुँचे। और आप विश्वास नहीं करेंगे, पूरे तीन साल तक यहाँ से वहाँ, वहाँ से कहाँ-कहाँ मैं भटकती रही। तीन-चार महीने से अधिक कभी एक जगह न रह सकी। साल-भर तक मुज़फ्फर से संबंध बना रहा। उसके बाद वह कभी नहीं आया। यह सब यों ही हुआ या जानबूझकर पैदा किए किसी भ्रम के कारण। मैं बेसहारा, बेपनाह, भीख माँगने को विवश हो गई। आप पूछेंगे कि क्या मेरे रूप ने अब और किसी को आकर्षित नहीं किया। किया लेकिन, अब मुझमें न जाने कैसी अंधचेतना जाग उठी थी। न समझ में आने वाला एक विद्रोह अवसर आने से पूर्व ही मुझे वहाँ से निकल भागने को विवश कर देता। अपने को बचाने के लिए मैंने अपने-आपको और अपने बच्चों को बार-बार खतरे में डाला....।

क्या करेंगे आप उस लंबी यातना की दास्तान को सुनकर। इतना ही जान लीजिए कि मुज़फ्फर का घर छोड़ने के तीन वर्ष बाद मैंने अपने को पेशावर में पाया। तब न मेरे पास रह गया था रूप, न यौवन लेकिन चलते रहने की एक अदम्य लालसा अभी शेष थी। जीने की लालसा जो, हर खतरे को मोहक बना देती है या कहूँ कि हमेशा खतरनाक परिस्थितियों से जूझते-जूझते मेरी ताकत निरंतर बढ़ती जा रही थी। जीवित रहना भी कितना विलक्षण है।....

मेरे दोस्त!

यही वह अघटित घट गया जिसको न घटने देने के लिए मैं अब तक भागती रही

थी। अनवर अब सात वर्ष का हो रहा था। दुःख और कष्टों के इस पारावार ने उसमें अद्‌भुत संवेदना पैदा कर दी थी। वह अनचाहे जालिम बाप का बेटा था लेकिन वही मेरे पाँवों के काँटे निकालता था। भीख माँग लाता, मौका पड़ने पर छोटे-मोटे काम भी कर लेता। कहाँ से आई उसमें यह चेतना। कैसा है यह प्यार और नफरत का आल-जाल अनबूझ, अनचाहा····लेकिन कुछ भी हो वह मेरा हमसफर बन गया। एक ऐसे सफर का साथी जिसके अगले पड़ाव का हमें कुछ पता नहीं होता था।

मेरे दोस्त, जिस डर से मुजफ्फर ने मुझे पहाड़ों में छिपाया था, पीछा करते-करते वही डर यहाँ आ पहुँचा। हिंदुस्तान के लोग इस इलाके में विशेष रूप से सक्रिय थे। नियति भी कैसे-कैसे खेल खेलती है। उसने एक दिन अनवर को उन्हीं के पास भेज दिया। वह नहीं जानता था कि मैं कभी हिंदू थी। लेकिन उससे बातें करते-करते उन्हें जब पता लगा कि हम कई वर्ष से भागते फिर रहे हैं तो उन्हें शक हो गया। वही शक उन्हें मेरे पास खींच लाया। आश्चर्य उनके पास मेरा चित्र था और पूरा परिचय भी। मेरी आँखों ने मुझे यहाँ भी धोखा दिया। उन्होंने सुरैया के वेश में प्रतिमा को पहचान लिया। मेरे हाथों से एक और ज़िंदगी रेत की तरह फिसल गई। एक बार मैंने फिर मरना चाहा। चाहा कि सब बच्चों को लेकर नदी में कूद पड़ूँ पर हुआ कि मैं क्रोध से भभक उठी और मैंने अनवर को बुरी तरह पीट दिया। वह बिलबिलाता रहा और सुबकियों के बीच कहता रहा, "अम्मी ! मैंने उन्हें कुछ नहीं बताया था। कुछ भी नहीं। सच अम्मी···· ।"

उस रात उस मासूम बच्चे को छाती में समेटकर मैं कितना रोई। कोई ले सकेगा थाह मेरे उन जलते आँसुओं की···· ।

प्यारे दोस्त ! प्रतिमा से सुरैया तक की यह यात्रा नारी होने की त्रासदी की यात्रा है। नर-नारी के संबंधों के नारी के हिस्से में त्रासदी ही तो आती है, जो बार-बार उसे उसकी अपनी धुरी से उखाड़ फेंकती है।

कहानी का अंतिम पर्व आ पहुँचा है। एक दिन पाया कि मैं इस नारी निकेतन में हूँ। अर्धमृत, अंधड़, चिथड़ों में लिपटी एक लाश। कितने जीवन जी चुकी थी मैं। शायद अब यह अंत था, ऐसा अंत जो 'अनंत' है। मैं फिर प्रतिमा बन गई थी। पत्थर की प्रतिमा, जिसका एक-एक अंग तोड़ दिया गया है। जिसकी आत्मा में हजार छेद हैं, जो इस देश की भाषा में पापिष्ठा, दुराचारिणी और कलंकिनी है। और उसका सबूत है ये मासूम बच्चे जिनको मैंने अपने शरीर को टुकड़ों में बाँट-बाँट कर जनमा है और जिन्हें इस आश्रम में फिर नए नाम दिए गए हैं। वे अब अनवर, अशरफ, असगर, अहमद और अली नहीं हैं। अनिल, अशोक, असित, अमित और अजित हैं। शायद इसीलिए अब और अधिक तिरस्कृत, अपमानित, लांछित तथा घृणा के पात्र बन गए हैं····

संचालिका ने एक दिन मुझसे कहा, "तुम्हारे ससुराल वालों को सूचना दे दी गई

है, लेकिन कोई आएगा इसकी संभावना दिखाई नहीं देती। तुम्हारी खोज उनके कहने पर नहीं बल्कि, तुम्हारे पिता के कहने पर की है हमने।"

मैंने तड़पकर जवाब दिया, "कौन आता है, कौन नहीं, इसकी मुझे चिंता नहीं है लेकिन यह जानने का अधिकार मुझे है कि आखिर हमें इधर क्यों लाया गया? क्या आवश्यकता थी हमें अपमानित करने की?"

संचालिका मुस्कराई। बोली, "देश की प्रतिष्ठा का प्रश्न था वह।"

"आप सर्जक हैं, क्या मैं आपसे पूछ सकती हूँ कि मनुष्य का अपमान करके कोई देश अपनी प्रतिष्ठा कैसे रख सकता है? उधर मैं जैसी भी थी घृणा का पात्र नहीं थी। माँ को भगवान् के समकक्ष मानने वालों के देश में नारी का अपमान क्या प्रमाणित करता है, क्या यह भी बताना होगा आपको?"

संचालिका ने ठीक कहा था। कोई नहीं आया मेरी ससुराल से। आए बस मेरे पिता, लेकिन मिलने का साहस वे भी नहीं बटोर सके। मेरी बात सुन चुके थे। अपनी पापिष्ठा बेटी से आँखें कैसे मिलाते। संचालिका ने बताया कि वे दूर से ही देखते रहे, रोते रहे। फिर वहीं से लौट गए। बाद में उन्होंने एक हज़ार रुपया मेरे लिए भेजा था फिर मैं किसी गाँव में जाकर रह सकूँ और अपने पैरों में खड़ी हो सकूँ। आवश्यकता पड़ने पर और भी भेजते रहने का आश्वासन दिया था। लेकिन वह नहीं चाहते थे कि मेरी माँ मेरे बारे में कुछ जाने।

सुनकर मैं हँस पड़ी थी। अब मुझे रोना नहीं आता था। पंडित लोग इसे योग की स्थिति बताते हैं। सिद्धावस्था यही नहीं है क्या....शास्त्र तो, मैंने सुना था यह भी कहते हैं कि आदमी कुछ नहीं करता। प्रकृति उसे अपने काम में जोत देती है। यानी हम यंत्र है किसी निश्चय करने वाली शक्ति के। तब वे लोग मुझसे नफरत क्यों करते हैं, क्यों मेरे दोस्त....

लेकिन अभी रहने दीजिए इस प्रश्नाकुलता को। अभी तो कहानी का चरम उत्कर्ष आना शेष है। और शेष है मुझे अभी और कटुता का विष पीना। हर दूसरे-तीसरे दिन मैं अनुभव करती थी कि कोई चुपचाप मुझे और मेरे बच्चों को देख रहा है। चुपचाप संचालिका से बातें कर रहा है। एक दिन संचालिका ने मुझसे पूछा, "तुम यहाँ से कहीं जाना चाहती हो?"

मैंने एक क्षण उनकी ओर देखा, फिर यंत्रवत बोली, "हाँ।"

उन्होंने कहा, "मैंने तुम्हारे लिए दूर एक पहाड़ी गाँव में रहने का प्रबंध कर दिया है। वहाँ के स्कूल में तुम पढ़ा सकोगी। गृहशिल्प में तुम निपुण हो। गाँव की महिलाओं को प्रशिक्षित कर सकती हो। लेकिन तुम अपने इन सब बच्चों को कैसे पालोगी। क्या यह अच्छा नहीं होगा कि इनमें से कुछ को भले घरों में गोद दे दिया जाए....

उस दिन पहली बार मेरे भीतर सोई नागिन जाग उठी। आवेग इतना प्रबल था

कि शब्द मुँह से नहीं निकल रहे थे। चाहा कि धक्का देकर उन्हें दीवार से दे मारूँ...."

संचालिका, जो सचमुच मेरे प्रति अतिरिक्त सदय हो उठी थी, मेरा यह रूप देखकर घबरा गई, तुरंत बोली, "नहीं-नहीं, जरूरी नहीं है। जल्दी भी नहीं है। मेरे मन में एक विचार उठा था, कह दिया। सोच देखना तुम।"

और वे तुरंत मेरे सामने से हट गईं। दो क्षण बाद आवेद कुछ शांत हुआ तो मैं स्वयं अपने पर चकित थी और किंचित लज्जित भी। मैं जानती थी मैं जीवन-भर किसी पर आश्रित नहीं रह सकती। कुछ-न-कुछ प्रबंध मुझे करना ही होगा। गाँव जाने को मैं इसलिए तैयार थी कि मैं अपने तथाकथित परिजनों से अब और अपमानित नहीं होना चाहती थी। पिताजी का दान लेना स्वयं अपना अपमान करना था। दुर्लबता के किन्हीं क्षणों में चाहा था कि उन्हें पत्र लिखूँ। याद करूँ लाड़-प्यार के उन दुर्लभ क्षणों को। फिर सोचा कि जो संस्कारों की जड़ता को तोड़कर मेरी वेदना में सहभागी नहीं हो सकता उसको पीड़ा पहुँचाना आत्मपीड़न ही नहीं होगा क्या? गाँव चली जाऊँगी और अपनी संतान को पालूँगी मैं स्वयं।

प्यारे दोस्त! मैंने आपको बताया न, जो पाप और पीड़ा की राह आया और जिसकी हत्या करनी चाही मैंने, वही अनवर यानी अनिल मुझे सबसे अधिक प्यार करता है। मेरी सारी घृणा पी गया है वह, नीलकंठ महादेव की तरह। ऐसे बर्ताव करता है जैसे वही मेरा गार्जियन है। पूछता है कभी-कभी, "अम्मी! मैं अब अनिल कैसे हो गया? अनवर और अनिल में क्या फर्क है? अम्मी! ये सब हमें ऐसे क्यों देखते हैं?"

आयु के आठवें वर्ष में ही विधाता ने कितना बोझ रख दिया इसके कंधों पर, इसके विपरीत नूर का बेटा अशरफ जो अब अशोक है, बेहद उद्दंड है। हर समय किसी से फौजदारी करने पर तुला रहता है लेकिन पढ़ने में बहुत होशियार है। असगर उर्फ असित सचमुच शायर का बेटा है। 6 वर्ष का हुआ नहीं अभी पर न जाने कहाँ खोया रहता है। कभी-कभी उनींदी आँखों से मुझे ऐसे देखता है कि मेरे दिल में फारूखी की याद कसक उठती है....

कितनी यादें, कितने मंजर, किसको भूलूँ, किसको याद करूँ। मुज़फ्फर शायद मुझे अब भी ढूँढ़ता फिरता होगा। कहीं अपने बच्चों का दावा करने न आ पहुँचे वह। उसके दोनों बच्चे अहमद और अली, जो अब अमित और अजित के नाम से पुकारे जाते हैं, अपने पिता के बारे में कुछ नहीं जानते। कभी-कभी पूछते हैं, सभी पूछते रहे हैं और मैं झूठ बोलती रही हूँ। किसी को कभी मैंने सच नहीं बताया। सच कुछ होता है क्या? किसी के सच को नापने का यंत्र अभी कोई वैज्ञानिक नहीं बना पाया है....

स्कूल के रजिस्टर में माँ का नाम कभी नहीं लिखा जा सकता। बाप अनिल, अशोक, असित, अमित और अजित का कोई है नहीं। है तो अशरफ, असगर, अहमद और अली के हैं। अनवर के बाप को तो कोई जान ही नहीं सकेगा। कैसा अच्छा था उपनिषद् काल का भारत। उस काल के परम तत्त्ववेत्ता सत्यकाम की दासी माँ जाबाला

में यह कहने का साहस था, "मैं नहीं जानती तुम्हारे पिता कौन थे। तुम मेरे बेटे हो। मेरा ही नाम लिखा दो गुरु के रजिस्टर में।"

और तब सत्यकाम का नाम हुआ—सत्यकाम जाबाल। क्या आज मेरे बेटों को वह अधिकार मिल सकता है। क्या वे गर्व से सिर उठाकर कह सकेंगे कभी, हमें नहीं पता हमारा पिता कौन था। हम माँ को जानते हैं और उनका नाम है प्रतिमा। वही लिख लीजिए आप अपने रजिस्टर में।"

मातृत्व को नारी का चरम सौंदर्य माना है। वह मुझे मुक्त कंठ से मिला है। किस ओर से मिला यह प्रश्न गौण है····इसे एक और दृष्टि से भी देखिए, आर्य परंपरा में माँ का पद सर्वोच्च है इसीलिए तो उसे ज़हर भी सबसे अधिक पीना पड़ता है, नारी होने के अपमान का ज़हर। मुझे कहने दो मेरे दोस्त ! जिसे सबसे अधिक अपमानित करना होता है उसे ही सबसे सुंदर विशेषण दिए जाते हैं। बलि के बकरे को हृष्ट-पुष्ट न करेंगे तो कौन खरीदेगा उसे ? अपने नर-नारी के संबंधों के संदर्भ में इस तथ्य की चर्चा नहीं की है। पुरुष है न अन्ततः····

आप सोचेंगे मैं इतनी क्रूर क्यों हो उठी हूँ :

उस दिन तभी वर्षा होकर चुकी थी। वातावरण एक सौंधी-सौंधी गंध से महक रहा था। मैं अपने कमरे की खिड़की खोलने का लोभ संवरण न कर सकी। यह वही खिड़की है जिसकी सलाखों पर अपना भीगा चेहरा टिका कर मैंने आपको देखा था···

उस दिन देखा एक किशोर होते बालक को स्वस्थ, सुंदर, स्कूल की शुभ्र-श्वेत पोशाक, पीठ पर बस्ता, धीरे-धीरे चौकन्ना-सा वह आश्रम के मुख्य द्वार तक आया और वहीं से उचक-उचककर मेरी खिड़की की ओर देखने लगा। मैं चौंकी, मेरा कौतूहल जग आया। मैंने सलाखों पर चेहरा टिकाकर उसे गौर से देखा। वह भी तब टकटकी बाँधे इधर ही देख रहा था। हमारी दृष्टि मिली, उसने जैसे प्रेत देखा हो, तेज़ी से मुड़ा और ताबड़-तोड़ भागने लगा। एक बार भी मुड़कर नहीं देखा उसने।····

हतप्रभ-स्तब्ध एक क्षण तो समझ न पाई। फिर तो एक ठण्डी सिहरन मेरे रेशे-रेशे में उतरती चली गई, "कहीं····कहीं ···· ।"

"नहीं····नहीं ····" मैं तेज़ी से मुड़ी। अनिल सामने आ गया। मेरी ओर देखा उसने। चेहरे पर प्रश्न उभरा, "क्या है मम्मी ?"

"कुछ नहीं, कुछ नहीं बेटे।" मैंने अपने को सहेज लिया, पर भीतर···

"एक बात बताऊँ अम्मी !"

"क्या बात," मैं फिर सिहरी।

"मैं बताना भूल गया था," अपराधी की तरह उसने कहा, "कई दिन से एक लड़का यहाँ आता है।"

"यहाँ तो बहुत लोग आते हैं। लड़के भी होते हैं उनमें। तुम किस लड़के की बात कर रहे हो ?"

"वही जो अभी आया था।"

"वही" मैं सिहरती-सिहरती फुसफुसाई, "वही···।"

अनिल कहता रहा, "वह बहुत अच्छा है। उसने मुझे चाकलेट दी थी। उसने पूछा था, यहाँ कोई प्रतिमा है।

"मैंने एकदम कहा, 'हाँ, अब मेरी अम्मी का यही नाम है।'

"उसने पूछा, 'अब यह नाम है। पहले नहीं था।'

"मैंने कहा, 'पहले तो उनका नाम सुरैया बेगम था। जैसे मेरा नाम अनवर था। अब मैं अनिल हूँ।'

"वह बोला, 'तब वह कोई और है लेकिन, क्या तुम मुझे उन्हें दिखा सकते हो?'

"मैंने कहा, 'हाँ, हाँ, उस खिड़की वाले कमरे में रहते हैं हम। आओ मेरे साथ।'

" 'नहीं, नहीं, फिर आऊँगा,' कहता हुआ वह भाग गया था। वही आज फिर आया था···"

न जाने वह कौन-सी 'मैं' थी जो यह सब सुन रही थी और न जाने वह भी कौन-सी 'मैं' थी जिसने पूछा था, "उसका नाम जानते हो।"

"हाँ, हाँ, आशिम है उसका नाम।"

दोनों हाथों से दीवार न थाम लेती तो निश्चय ही गिरकर बेहोश हो गई होती। पसीने से तर हो आई थी। अनिल ने सहज भाव से पूछा, "तुम उसे जानती हो अम्मी?"

मैंने तीव्रता से प्रतिवाद किया मानो चीख उठी हूँ, "नहीं, नहीं, मैं किसी को नहीं जानती यहाँ।"

अनिल ने अब मेरी ओर देखा। मेरे श्वेत हो आए चेहरे को देखकर घबरा गया वह, बोला, "तुम्हारी तबीयत खराब है अम्मी, तुम लेट जाओ।"

बेचारा अनिल! क्या बताऊँ उसे? अपने को बटोरकर इतना ही कहा, "नहीं बेटे! तबीयत मेरी ठीक है लेकिन, तुम अब उससे बात मत करना। हमें अजनबियों से दोस्ती नहीं···"

मैं अपना वाक्य पूरा नहीं कर पाई। उसने दीर्घ निःश्वास खींचकर कहा, "अच्छा।"

उसका यह 'अच्छा' शब्द सुनकर मुझे आपकी याद आ गई। आपने भी तो उस दिन इसी तरह कहा था, 'अच्छा।' पर कहाँ आप, कहाँ यह बच्चा। मैं पागल हो उठी उसके मुँह से यह शब्द सुनकर। चाहा कि दोनों हाथों से उसका गला घोंटती रहूँ, घोंटती रहूँ···लेकिन हुआ यह कि मैंने खींचकर उसे अपनी छाती में भर लिया और अपने को और रोकने में असमर्थ फूट-फूटकर रोने लगी···

जानते हो दो क्षण बाद मुझे क्या लगा था? लगा था वह अनिल नहीं है, आशिम है और मैं ताबड़-तोड़ उसका मुँह चूम रही हूँ।···

कई दिन तक मैं सीखचों पर मुँह टिकाए उसी दिशा में टकटकी बाँध देखती रही पर वह फिर नहीं आया। आया एक सपना···

····भटकते-भटकते किसी शानदार बँगले में पहुँच गई हूँ। कैसी ऐयाशी····कैसी प्रचुरता पर यह चीख कैसी है, किसी बच्चे की मर्मांतक चीख····भागी-भागी मैं अंदर जाती हूँ, देखती हूँ कि एक क्रूर युवक एक आठ-नौ वर्ष के बच्चे को बेंतों से पीट रहा है, 'कमबखत, अगर अब कभी उधर पैर भी रखा तो जमीन में गाड़ दूँगा।'

बच्चा चीखता है, "नहीं, नहीं, मैं नहीं जाऊँगा। मुझे मारो मत, मुझे मारो मत।"

पहचान लेती हूँ—वह क्रूर युवक मेरा देवर है। उसके पीछे खड़ी है मेरी सास। मैं तड़पकर आगे बढ़ती हूँ और युवक के हाथ से बेंत छीन लेती हूँ, "उस मासूम को क्यों मारते हो। अपराधी मैं हूँ, मुझे मारो।"

वे सब सकपकाकर मेरी ओर देखते हैं, पहचान लेते हैं। दूसरे ही क्षण आशिम भागता हुआ मुझसे आ चिपका है, और मेरी बाँहों में बेहोश हो जाता है····

मेरी सास चीख रही है, "निर्लज्ज, कलंकनी, तुझसे मरा नहीं गया। तेरी लाश पाकर हम कितने गौरवान्वित होते···· ।"

तभी नींद खुल जाती है। अँधेरे में बार-बार आँखें फाड़े देखती रहती हूँ। सोचती रहती हूँ, "क्यों, क्यों, आदमी अपने से ही छल करता है, अपने ही 'मैं' से अजनबी हो जाता है····जो नितांत मेरा अपना है, जो मेरे प्यार का प्रतिरूप है उसी से वंचित हूँ मैं। कारण कुछ भी रहा हो, कुंती कर्ण के पास जा सकी थी पर मैं····"

उसी दिन संचालिका के पास गई मैं। बोली, "आप मुझे दूर किसी पहाड़ गाँव भेज रही हैं न। मैं तैयार हूँ आज ही जाने को। पर मेरे बच्चों को मुझसे अलग मत कीजिए। मैं उनका अपमान नहीं होने दूँगी।····"

मेरे दोस्त! मैं अगले हफ्ते जा रही हूँ एक और जीवन जीने के लिए। न जाने क्यों आपको देखने की चाह उभर आई हैं मन में। क्यों लगने लगे हैं आप अपने! इसी अपनेपन के कारण ही आपको दोस्त कहकर संबोधित किया है मैंने। मन दोस्त के सामने ही खोला जा सकता है। कैसा है यह अनोखा रिश्ता····सपनों में जुड़ा और आँख खुली तो हाथ लगा एक विराट शून्य····फिर भी भरोसा मुझे है और वह मेरे अंदर से आया है बिना किसी के दखल के। जिस घोर यंत्रणा और संत्रास के दौर से मैं गुजरी हूँ उसने मुझे यही संपदा तो बख्शी है। यह मेरे अंतर की गहराइयों में समा गई है। इसे भौतिक नेत्रों से नहीं देखा जा सकता।

अच्छा! बाहर वर्षा होने लगी है, होनी चाहिए। चाहिए न ठूँठ में नई कोंपल फोड़ने के लिए····

आपकी
प्रतिमा उर्फ आयशा
उर्फ सुरैया उर्फ प्रतिमा····

(1984)

पैड़ियों पर उठते पदचाप

हर मकान में ऊपर की मंज़िल तक जाने के लिए पैड़ियाँ होती हैं, मेरे मकान में भी हैं और वे मेरे कमरे में आकर समाप्त होती हैं। पैड़ियों से होकर हम चढ़ते-उतरते हैं, पर जैसे चढ़ना हर वक्त ऊपर चढ़ना नहीं होता, वैसे ही उतरना, हर वक्त गिरना नहीं होता। बस वे पास लाती हैं और दूर ले जाती हैं, पर कभी-कभी····

अभी रहनें दें उस कभी-कभी को। अभी तो मैं इतना ही जानता हूँ कि पैड़ियों में उठती-गिरती ये पदचाप मेरे मस्तिष्क में ऐसे अंकित हो गई हैं कि उन्हें सुनकर चढ़ने-उतरने वाले व्यक्ति की पूरी तस्वीर मेरे सामने सूरज की रोशनी की तरह उजागर हो जाती है।

उस दिन उन पैड़ियों पर जो पदचाप उठे, उन्हें मैं चालीस वर्ष से सुनता आ रहा हूँ। वे पदचाप हमारे घर की कम्मो जमादारिन के हैं। वह बहुत धीरे-धीरे ऊपर चढ़ती है और उतने ही धीरे से द्वार खोलती है, कहती है, "भगवान् सबका भला करे! बाबूजी हैं।"

फिर मैं होता हूँ और वह होती है—आमने-सामने, वह कराहती हुई (शुरू में नहीं कराहती थी) बैठ जाती थी, चौखट से पीठ सटाकर। फिर दोनों हाथ जोड़कर माथे तक ले जाती है और दूसरे कोने पर लगे मेरी स्वर्गीय पत्नी के चित्र को तरल भाव से देखती है। कहती है, "भगवान् आपको बड़ी उमर दे। आपकी तरक्की हो, बच्चे जीते रहें। जब बहूजी थीं, तो मुझे कुछ भी नहीं कहना पड़ता था, बहुत अच्छी थीं।"

समझ जाता हूँ कि उसे फिर रुपयों की ज़रूरत आ पड़ी है। मुस्कराकर पूछ लेता हूँ, "क्या हाल है ?"

दृष्टि उठाकर एक क्षण मुझे देखती है, फिर बोलती है, धीरे-धीरे, "हाल क्या होंगे हम लोगन के। चारों तरफ मार है हम पर। वह बात है····"

मैं चौंकता हूँ, "क्यों क्या हुआ अब !"

"नाक कट गई बाबूजी, भरे बाजार में नंगा कर दिया उसने।"

"किसने कर दिया नंगा···"

"अजी, उसी ने, जो सामने वालों के कारखाने में काम करे था। वहीं, जहाँ चाँदी की पालिश हो है।"

जानता हूँ मेरे आस-पास रहने वाले कुम्हार कभी मिट्टी के बरतन बनाते थे, फिर खिलौने बनाने लगे। अब पीतल के बरतनों पर चाँदी की पालिश करते हैं। घर-घर में कारखाने हैं। रात-दिन काम होता है वहाँ। वहीं कोई काम करता होगा। पर मैं कुछ

पूछता कि वह स्वयं बोल उठी, "मैं तो तभी से मरी पड़ी हूँ। न जाने कब से आशनाई चल रही थी। मुझे तो पता नहीं चला। पाँच दिन से दोनों गायब हैं।"

"दोनों कौन ?" मैं कुछ परेशान-सा पूछता हूँ।

"अजी वह रामदास ! मेरी लौंडिया को लेकर भाग गया। वही सुरसुती से छोटी जमना···" और झर-झर आँसू बहने लगे उसकी आँखों से। उन पर पल्ला रखकर वह सुबक उठी। मैं कुछ करुणा, कुछ चिंता से भरा-भरा बोल उठा, "अरे यह तो बहुत बुरा हुआ, कैसे हुआ।"

वातावरण बहुत बोझिल हो आया था। कई क्षण उसे सँभलने में। बोली कहीं दूर से, "कैसे तो मुझे भी पता नहीं। उस दिन दोपहर को कहकर गई थी कि सुरसती के घर जा रही हूँ। बीमार है वह। सो किसी को शक भी नहीं हुआ, पर जब रात को भी नहीं लौटी तो शक हुआ। सवेरे ही छोटे बेटे को भेजा। तब पता लगा कि वह तो वहाँ गई ही नहीं। बस जी, मेरे तो पैरों तलों की ज़मीन खिसक गई, एक दिन सामने वाली ने मुझसे कहा तो था कि रामदास और जमना बड़े घुलघुल कर बातें करे हैं। वहीं गई। पता लगा कि कल से रामदास भी काम पर नहीं आया···"

वह फिर रोने लगी, अब समझने को कुछ शेष नहीं था। दो क्षण कोई कुछ नहीं बोला। फिर पहल मैंने ही की। पूछा, "कुछ पता लगा, वे अब है कहाँ ?"

"वह पता लगाकर ही आपके कने (पास) आई हूँ। रामदास उसे अपने गाँव ले गया है, तब से दोनों वहीं हैं।"

"पुलिस में रिपोर्ट की ?"

"क्या होगा उससे ! कौन सुनता है, हम लोगन की ! दोनों बालिग हैं। पुलिस पकड़ भी लाई, तो मेरी लौंडिया क्या बचेगी ! और बरबाद होगी। घर आई, तो उसका भाई हड्डे तोड़ देगा। तभी से चिंघाड़ मार रहा है···"

वह फिर आँखों पर पल्ला रखकर सुबक उठी। मैंने धीरे से पूछा, "रामदास तो ऊँची जात का है न !"

"जी हाँ, कोई बनिया है।"

"तो यूँ क्यों नहीं सोचती कि तेरी बेटी ऊँची जाति वाले के साथ गई और फिर···"

मैं अपना वाक्य पूरा कर पाता कि वह भभक उठी, "कैसी ऊँची जात ! अपनी जात से तो बाहर गई। मुँह नहीं दिखा सकती किसी को मैं। घर-घर में चर्चा है, सभी मुँह बिचका-बिचका के कह रहे हैं कि कम्मो की लौंडिया रामदास बनिये के साथ भाग गई। ज़हर घोल गई हरामज़ादी मेरी ज़िंदगी में। पारो की कहानी तो आपको पता होगी।"

"कौन पारो ?"

"आय हाय, जैसे जाने ही ना। आपके घर के सामने तो रहे थी। गोरी-चिट्टी

बुढ़िया। कैसी ज़बान चले थी उसकी, सब थर-थर काँपे थे उसके सामने, पर कुमति कब जाग जाय कौन जाने है। चालीस पार कर चुकी थी, जब लल्लू ब्राह्मन के साथ भागी थी। जवान बेटे थे पर कै दिन रही! एक साल में सब निचुड़ गया, तो लौट आई मियाँ के घर। बेटों ने कितना मारा था। हाड़-गोड़ तोड़ दिए थे। कुछ दिन बाद लाश ही निकली घर से। क्या दबदबा था, क्या मौत हुई...."

जैसे सचमुच पारो की लाश पड़ी थी हमारे सामने। दोनों कई क्षण स्तब्ध मौन भीतर-ही-भीतर घुटते रहे। मेरे मन के पटल पर पहले तो पारो की हुंकार गूँजी, फिर याद आया...एक दिन कम्मो भी तो ऐसे ही चीखी थी। इन्हीं पैड़ियों से चढ़कर आई थी ऊपर, पर बैठी नहीं। खड़े-खड़े ही कहा था, "मुझे कुछ रुपए चाहिए।"

"क्यों चाहिए, क्या हुआ?"

"क्या हुआ? होने को बचा है कुछ! हमारे मंदिर की ज़मीन पर कब्ज़ा कर लिया है दवाखाने वालों ने। गरीबों का मुफ्त का इलाज करने के ऐलान करे हैं और गरीबों को ही भगवान् का नाम न लेने देवें। हम छोटी जातवालों को हर तरों दबावे हैं, ये ऊँची जात वाले, हिंदू पीटें, मुसलमान भी पीटें, लेकिन अब हम नहीं दबेंगे। आप तो जानो हो, वाल्मीकि ऋषि हमारी जात के तो थे। विन्ही का मंदिर है वह। कहते हैं कि रामायण उन्होंने ही लिखी थी। हमारे लीडरों ने कहा है, जुलूस निकालो, मुकदमा करो, हम साथ हैं। सो बाबूजी, उसी के वास्ते रुपए चाहिए। मना मत करना..."

"अगर कर दूँ तो?"

"तो समझ लूँगी, आप भी ऊँची जात वालों की तरों हैं, पर मैं जानूँ, आप हैं नहीं....''.

बिना एक शब्द कहे, जो माँगा, वह उसे दे दिया। जाते-जाते उस दिन उसने हाथ नहीं जोड़े थे। कहा था, "बाबूजी, अब आप हमारे पैसे बढ़ा दीजिए।"

मैंने कोई जवाब नहीं दिया था। ऐसा नहीं कि वह रुपए लौटाती नहीं थी। उसकी उजरत में से कटते रहते थे और सरकारी नौकरों की तरह उजरत बढ़ाने की माँग वह बराबर करती रहती थी। पर उस दिन वह सचमुच दुखी थी। बार-बार रो पड़ती थी। कई क्षण चुपचाप बैठी रही। फिर एकाएक बोली, "मैं एक बात पूछूँ बाबूजी...."

"क्या?"

"ये ऊँची जात वाले हमारी बहू-बेटियों को भगा ले जा हैं, बहला-फुसलाकर। मन भरजा है, तो छोड़ दे हैं मरने को, चुसे आम की तरो। मान लो न भी छोड़ें, पर एक बात क्यों नहीं करते वे। अपनी बहू-बेटियों को हमारी जात में क्यों न आने दें। आपने भी कह दिया, जमना ऊँची जात में गई है, पर उनकी बेटी आई हमारे घर में, हमारी तरो रहने को?"

मैंने उसकी आँखों में झाँका। कितना दर्द था उनमें! तर्क के लिए मैं कह सकता था। कहा भी कि डॉ० आंबेडकर की पत्नी ब्राह्मण है....

लेकिन उसने बीच में ही टोक दिया मुझे। तीखे स्वर में बोली, विनकी बात जान दो। वे तो ऊँची जात वालों की तरो हो गए। मैं हम लोगन की बात कहूँ। हम लोगन में हमारी तरो रहे, तो जानें !"

"प्यार हो, तब तो आवे रहने को।"

"रहने दो प्यार-व्यार को ! जिस्म की भूख है सब। और हो भी जाए आशनाई, तो भी ऊँची जात की लौंडिया हमारे घरों में आकर नहीं रहेंगी। नफरत करेगी नफरत। और उड़ा ले जागी हमारे लौंडे को...."

"तुम ऊँची नहीं बनना चाहती ?"

"चाहे क्यों नहीं, पर अपनी तरो। उनकी तरो नहीं। अपनी जात में हम ऊँचे क्यों नहीं बन सकते ! अपनी जात क्यों दें हम ! वे क्यों ना दें...."

उसका एक-एक शब्द मेरे अंतर को पेचकस की तरह चीर रहा था। मेरे पास कोई जवाब नहीं था, जो उसे आश्वस्त कर सकता। इसलिए मैंने इतना ही कहा, "मुझे बताओ, मैं कुछ कर सकता हूँ ?"

"अभी तो मुझे पचास रुपए दे दो।"

"रुपए क्यों ?"

"आपकी तरो एक और भले मानुष हैं वर्मा जी। कुम्हार हैं। विनको भेज रही हूँ, बेटी के पास, खोज-खबर लेने को। उनका कहना है कि वे जमना को समझा-बुझाकर वापस लाने की कोशिश करेंगे।"

"मान लो, वह आ गई, तो क्या तू रखेगी उसे ? तेरे बेटे ने हाड़-गोड़ तोड़ दिए उसके, तो.... !"

"तोड़ लेगा एक बार। लौंडिया अपने घर तो आ जाएगी।"

मैंने उसे रुपए दे दिए। कई दिन तक वे माँ-बेटी मेरे मन-मस्तिष्क को आवृत किए रहीं। दोनों का अपना-अपना यथार्थ था। कम्मो का यथार्थ थोड़ा कठोर था। अव्यावहारिक भी कह सकते हैं उसे, पर उसके पीछे जो सत्य था, उससे इनकार नहीं किया जा सकता। न जाने कैसे हुआ, एक रात यह सोचते-सोचते मेरा 'मैं' मुझसे अलग होकर रामदास के गाँव जा पहुँचा। मुझे देखकर दोनों जैसे चौंक उठे। डरे भी शायद। पहल जमना ने की। बोली, "आप यहाँ...."

"तुमसे ही मिलने आया हूँ।"

"माँ ने भेजा है।"

"नहीं। उसने नहीं भेजा। स्वयं आया हूँ। तुम्हें बुरा लगा क्या ?'

एकदम दोनों बोल उठे, "नहीं, नहीं, बुरा क्यों लगेगा। आइए न, मैं पूछना ही भूल गई, चाय तो पिएँगे ! कहीं...."

कहकर वह मुस्कराई। मैं ज़ोर से हँस पड़ा, "वह बात नहीं। मैं तुम्हारे हाथ की चाय ज़रूर पीऊँगा।"

वह हँसकर अंदर चली गई, कमरा तो एक ही था। आधा पक्का, आधा कच्चा। पर बाहर एक चबूतरा था। वहीं हम बैठ गए। सामने कच्ची सड़क थी। उस पार थे खेत। संध्या झुक आई थी। गायें लौट रही थीं····

एकाएक रामदास ने पूछा, "जमना के बारे में जानने आए हैं ?"

"जानना चाहूँ, तो तुम्हें एतराज़ होगा !"

"नहीं-नहीं, पूछिए।"

"तुम दोनों एक-दूसरे को बहुत प्यार करते हो ?" बिना किसी भूमिका के मैंने पूछा।

उसने सहज भाव से उत्तर दिया, "तभी तो जोखिम में डाला है अपने को।"

"लेकिन जानते हो, कितना कष्ट पहुँचाया है तुमने, जमना की माँ को !'

"आप सोचते हैं कि मैं उनसे कहता, तो वे हमारी शादी होने देते ?'

"मैं उनके मन की बात तो नहीं जानता, पर शायद एक शर्त पर वे तैयार हो जाते।"

"शर्त ! कैसी शर्त ?"

"यही कि तुम उनके बीच में उनके होकर रहने को तैयार हो जाते।"

गहरे अविश्वास और अचरज से उसने मेरी ओर देखा, "क्या कहना चाहते हैं आप, समझा नहीं।"

"समझना चाहोगे, तो समझ जाओगे, कोई गूढ़ पहेली नहीं है यह।"

उसने सहसा कोई उत्तर नहीं दिया। कई क्षण अंदर ही अंदर घुमड़ता रहा। युगों जितने इन क्षणों में उसके चेहरे पर कई रंग आए, कई रंग गए, फिर सहसा वह कठोर स्वर में बोल उठा, "आप कहना चाहते हैं कि मैं उस नरक में जाकर रहता, जिससे मैंने जमना का उद्धार किया है !"

मैं हँस आया, बोला, "लेकिन जमना का उद्धार करने से नरक मिट तो नहीं गया। नरक को मिटाने के लिए नरक से जूझना पड़ता है। तुम उससे भागे हो।"

आश्चर्य ! यह मैं क्या कह गया। मुझे तो उसकी पीठ ठोकनी थी। उसके साहस पर, लेकिन करने लगा उसे लांछित-प्रताड़ित। लेकिन जब कर चुका, तो लगा कि मैंने ठीक किया है, उसने जो कुछ किया, ऊँचे आसन पर बैठकर किया, कृपाभाव से किया।

वह अब भी विस्मित-विमूढ़, बस मेरी ओर देखे जा रहा था कि तभी जमना चाय ले आई। गिलास हाथ में लेते-लेते लगा, जैसे वह जल रहा है। मैंने हाथ पीछे खींचना चाहा, गिलास गिर पड़ा और तभी घबराकर मैं चीख उठा, पर यह क्या, मैं तो कमरे में था और सपना देख रहा था और उसमें मैंने अपने ही अंतर में घुमड़ रहे एक अनजाने सत्य से साक्षात्कार किया था।

पता नहीं कौन-सा 'मैं' कब कौन से 'मैं' से टकरा जाता है, पर यह टकराहट ही तो विचारों में उत्तेजना पैदा करती है और उन्हें आगे बढ़ाती है। कई दिन इन्हीं विचारों में

उलझा रहा कि अचानक एक दिन गली में कम्मो से भेंट हो गई, पूछ लिया, "कैसी हो ?"

"बस, जी रही हूँ, बाबूजी।"

"जमना कैसी है ?"

"ठीक है।"

"तुम गई थी उसके पास ?"

"मैं क्यों जाती, उस भगोड़ी के पास ! उसी ने एक दिन पारक में मिलने बुलाया था, सोचा, नहीं जाऊँगी, पर ममता बड़ी बुरी है। आखिर है तो कोख की जाई। चली गई...."

एक क्षण रुकी। फिर बोली दृढ़ स्वर में, "उससे कुछ कहना भी था। मैं नहीं चाहती कि 'पारो' की कहानी दोहराई जाए।"

"तो क्या कहा तुमने ?"

"यही कि रामदास से पूछ के देखना, क्या वह तुमसे सचमुच प्यार करता है ! करता है, तो क्या वह हमारे घर तरो रह सकता है।"

हठात् भूकंप का तेज़ झटका मुझे कँपाता हुआ निकल गया। मेरा रोम-रोम उद्विग्न हो आया, "तुमने यह कहा ?"

"हाँ जी, कहा। और यह भी कहा कि अगर वह आने को तैयार नहीं है, तो उसे छोड़ना पड़ेगा। पंचायत जो दंड लगाएगी, मैं भर दूँगी।"

"सच ?"

"जी हाँ !"

"क्या बोली जमना ?"

पहले तो फटी-फटी आँखों से देखती रही। फिर मेरी छाती से लगकर फफक उठी। और चली गई।'

"अब !"

उसने दोनों हाथ जोड़कर आँखें ऊपर आसमान की ओर उठा दीं। बोली, "अब तो वह है।"

मेरे भीतर एक तुमुल नाद मचा हुआ था। कैसे दो ध्रुवों पर जीने वाले हमने सत्य को खोजने की एक समान राह पहचान ली थी, बल्कि मैं तो मात्र सपना देखकर रह गया, पर कम्मो ने तो उसे अर्थ भी दे दिया था। मैं भीतर गद्‌गद था, बाहर उल्लसित। बोला, "तुमने ठीक किया। तुम्हें यही कहना चाहिए था।"

उसके चेहरे पर स्मिति की एक रेखा उभरी और उसने दोनों हाथ जोड़कर माथे से लगा लिए।

उसके बाद कई दिन तक मेरे भीतर उत्सुकता का समुंदर पछाड़ें मारता रहा। कई दिन तक मेरे कान बराबर पैड़ियों पर उठते उन चिरपरिचित पदचापों को सुनने को

आकुल-व्याकुल रहे। आखिर आठवें दिन वह ध्वनि सुनाई दी। मेरा हृदय धक-धक कर उठा, किवाड़ खुले। सदा की तरह उसका चेहरा चमका, हाथ जोड़कर बोली, "जमना आई है बाबूजी।"

पता नहीं, मैं प्रसन्न था या त्रस्त, पर जमना परम शांत थी। उसके साँवले चेहरे पर न व्याकुलता थी, न किसी तरह का आक्रोश। बड़ी-बड़ी आँखें वैसी ही निर्दोष-निरुद्विग्न। मैंने मुसकरा कर पूछा, "आओ जमना, कैसी हो?"

"ठीक हूँ बाबूजी।"

"कुछ दिन रहोगी न!"

"अब तो यहीं रहना है?"

"क्या··· ?'

इस बार कम्मो, बोली, "मैंने कही थी न, बाबूजी। इसने रामदास से वही सब-कुछ कह दिया।"

उस क्षण मुझें लगा कि अभी इस दुनिया के लिए संभावना है और मैंने जमना की ओर प्रशंसा के भाव से देखा। फिर न चाहकर भी पूछ लिया, "क्या कहा रामदास ने?"

दो क्षण वह मौन बैठी रही, फिर बोली, "उसने कहा, मैंने तुझे नरक से निकाला है। तू फिर उसी नरक में जाना चाहती है और मुझे भी ले जाना चाहती है।"

"फिर··· !"

"मैं बोली, तू मुझे प्यार करता है न। अब बता, प्यार क्या नरक-सुरग में भेद करता है!"

"उसने क्या कहा?"

"बड़ी देर तक कुछ भी नहीं बोला। बस, मुझे घूरता रहा। फिर एकाएक ज़ोर से बोला, मुझे कुछ पता नहीं, पर मैं वहाँ नहीं जाऊँगा। नहीं जा सकता।"

"फिर··· !"

"फिर मैंने कहा, मैं जा सकती हूँ और मैं जाऊँगी····"

"फिर!"

"फिर वह बोला, तेरी मरजी!"

"यह कहा उसने?"

"जी यही कहा।" उसने दीर्घ निःश्वास खींचा। बोली, "अब आप ही बताइए, मैं क्या करती! जिसके लिए मैंने घर छोड़ा, माँ और भाई को छोड़ा, वह नरक-सुरग में भेद करे, तो कैसे निभती हमारी!"

कहते-कहते उसकी आँखें सजल हो आईं। चेहरे पर अनुभूति की एक ऐसी गहरी परत उभरी जिसे शब्द देना मेरे लिए असंभव है। मैं तो तब जैसा था ही नहीं। कभी-कभी होकर भी न होना, कितना और कैसा सुख दे जाता है!

प्राषाणी

निरंतर घंटियाँ बजे जा रही थीं····

उस निर्जन पर्वत प्रदेश में वह नितांत अकेली थीं। सामने सीधी भयंकर चढ़ाई थी जो ऊपर और ऊपर उठती चली जा रही थी—आकाश की सीमा को छूने को आतुर···वह बेहद थक गई थीं, पर इस बात को वह प्रकट करना नहीं चाहती थीं। वह पर्यटन विभाग की डायरेक्टर थीं। उन्हें सब सुविधा उपलब्ध हो सकती थी। उनके आसपास बहुत-से व्यक्ति भी हो सकते थे, पर उन्होंने किसी को भी अपने पास नहीं आने दिया। वह अकेली ही उस चढ़ाई को पूरा करना चाहती थीं। धूप और साँय-साँय करता वह डरावना सन्नाटा-—ये ही बस उनके एकमात्र साथी थे।

शायद मार्ग भूल गई हैं वह। शायद उन्हें पीछे लौटना होगा। शायद आगे कोई····

ये असंबद्ध और अटपटे विचार उनके मन में इसीलिए उभर आए थे कि वह बेहद मगरूर और उतनी ही ज़िद्दी भी थीं।····

कि सहसा किसी टट्टू के पदचाप उनके कानों में बज उठे। वह ठिठक गईं। पीछे से आते पदचाप निरंतर पास आते जा रहे थे कि एकाएक वह तेज़ी से आगे बढ़ीं। उन्होंने पीछे मुड़कर भी नहीं देखा, पर पदचाप तो उनकी खट-खट की सम पर तेज़ी से उनका पीछा करते हुए उनके दृष्टिपथ में आ-गए थे। अचानक उन्होंने सुना, एक पुरुष-स्वर पुकार रहा था, "मैडम, ज़रा रुकिए। रुकिए। आप अकेली इतनी आगे कैसे चली आईं। बड़ी जानलेवा चढ़ाई है आगे। मैं टट्टू लेकर आया हूँ आपके लिए। रुकिए।"

एकाएक वह पीछे मुड़ीं और कर्कश कठोर स्वर में बोलीं, "मुझे टट्टू नहीं चाहिए। मैं····"

उन भद्र पुरुष ने कहा, "मैडम, आगे और भी कठिन चढ़ाई है, आप···"

"मुझे मालूम है," स्वर और भी तीखा हो आया था, "मैं कठिन से कठिन मार्ग पार कर सकती हूँ।"

"मैडम, आपको पथ की कठिनाई का आभास नहीं है। आप निश्चय ही थक जाएँगी। मेरी बात मानिए, टट्टू पर सवार हो जाइए।" भद्र पुरुष ने विनम्र स्वर में फिर प्रार्थना की।

लेकिन वह तो चीख उठीं, "आपको यह कहने का साहस कैसे हुआ कि मैं थक

जाऊँगी ? क्या मैं नारी हूँ इसलिए ? क्या समझ रखा है आपने नारी को ? जाइए, जाइए, आप अपने टट्टू पर सवार होकर जाइए। आप मेरी इच्छाशक्ति को कमज़ोर करना चाहते हैं ! नहीं, यह नहीं होगा। जाइए, जाइए। "

बेचारे भद्र पुरुष ने एक निरीह दृष्टि अपनी डायरेक्टर साहिबा पर डाली और विवश आगे बढ़ गए।

अब एकाएक डॉ० ऋता वर्मा ने देखा कि यह तो मेरे ही विभाग के डिप्टी डायरेक्टर हैं। 'होंगे', उन्होंने उपेक्षा से कहा, 'उसे क्या अधिकार है शेखी बघारने का, मेरी सहायता करने के बहाने....'

सहसा घण्टियाँ फिर बज उठीं और दूसरे ही क्षण उन्होंने पाया कि वह ट्रेन में बैठी कहीं जा रही हैं। उनके दाहिनी ओर सबसे तेज़ गति से दौड़ने वाली शताब्दी एक्सप्रेस तूफान मचाती उनके विपरीत दिशा में उड़ी चली जा रही है। दूसरी ओर, उनकी दिशा में, एक बहुत लम्बी मालगाड़ी अपनी मंद मंथर गति से खड्-खड्, खड्-खड् करती हुई चली जा रही है। वह आश्चर्य से दोनों ओर देखती हैं कि उसी क्षण जैसे भूकम्प आ जाता है। शताब्दी एक्सप्रेस पटरी से उतरकर उनकी ट्रेन पर गिर पड़ती है। गति की तीव्रता के कारण कर्णभेदी हाहाकार, चीत्कार वातावरण को लील जाता है। उन्हें इतना ही स्मरण है कि जब उनकी संज्ञा लौटी तो वह अपनी टूटी हुई बोगी के नीचे दबी हुई थीं। कई क्षण लगे उस स्थिति को समझने में। उन्होंने यंत्रवत अपने बदन को टटोला और पाया कि उनके पैर ऊपर की बर्थ के नीचे फँसे हुए हैं। एक क्षण को उन्हें संतोष हुआ कि वह आहत होकर भी जीवित हैं। उन्होंने आँखें मलीं। चीत्कार अब भी उठ रहा था और बहुत-से लोग इधर-उधर भाग रहे थे। बहुत-से लोग स्ट्रेचर पर घायलों और मुर्दों को ले जा रहे थे....

अब तक उनके मस्तिष्क में सब-कुछ स्पष्ट हो चुका था और एक गहरे दर्द ने उनके अस्तित्व को जकड़ लिया था। वह किसी भी तरह अपने पैर बाहर नहीं निकाल पा रही थीं। उन्हें विश्वास था कि कोई तो उनके पास आकर रुकेगा, लेकिन वे सब उन्हें देखते और आगे बढ़ जाते। सहसा वह चीख उठीं, "मैं यहाँ हूँ। सुनो, मैं यहाँ हूँ। मेरे पैर फँस गए हैं। उन्हें निकालो, नहीं तो मैं मर जाऊँगी।"

किसी ने उनकी आवाज नहीं सुनी। उनके पास बुरी तरह से घायल कई व्यक्ति पड़े थे। दो व्यक्तियों ने उन्हें स्ट्रेचर पर रखा और जाने लगे। उन्होंने कहा, "मुझे भी उठाओ, मुझे भी उठाओ।"

मानो किसी ने उनकी आवाज़ नहीं सुनी, पर तभी सहसा उन्होंने देखा कि उन लोगों में उनके विभाग के उप-निदेशक डॉ० भारद्वाज भी हैं। वे बड़ी तत्परता से घायलों की मदद कर रहे हैं। उनका साहस जैसे लौट आया और एकाएक तेज़ी से जैसे आदेश देती हों, बोलीं, "डॉ० भारद्वाज, मैं, मैं, डॉ० ऋता, मैं यहाँ हूँ। मुझे तुरंत निकालो।"

मि० भारद्वाज ने उनकी ओर देखा और शांत स्वर में उत्तर दिया, "मैंने आपको

देख लिया है। अपने प्रभु को धन्यवाद दो। इस भयंकर दुर्घटना में आप जीवित बच गई हैं। हम तो अभी उन मरणासन्न घायलों को ले जा रहे हैं जो देर हो जाने पर जीवित नहीं रह पाएँगे। हम फिर लौटकर आएँगे। आप थोड़ी देर और पीड़ा सह लीजिए। आपको यहीं प्राथमिक सहायता दी जाएगी।

ट्रिंग-ट्रिंग घण्टियाँ तेज़ी से बजीं। डॉ० ऋता वर्मा क्रोध और पीड़ा से चीख पड़ीं, "आपने मुझे देख लिया है और फिर भी यह सब बातें कह रहे हैं! आपको सबसे पहले मेरी मदद करनी चाहिए थी।"

दृढ़ स्वर में डॉ० भारद्वाज ने उत्तर दिया, "नहीं, सबसे पहले मदद की आवश्यकता उन्हें है जो आपसे कहीं अधिक घायल हैं। वे किसी भी क्षण दम तोड़ सकते हैं। उन्हें अस्पताल पहुँचाना हमारा पहला कर्तव्य है।"

डॉ० ऋता वर्मा ने कुछ नहीं सुना। क्रोध और पीड़ा से वह और तमतमा उठीं, "मैं कहती हूँ मुझे निकालो।"

"नहीं, अभी नहीं," उसी आवेश में जैसे आदेश देते हों, डॉ० भारद्वाज ने कहा और आगे बढ़ गए।

डॉ० ऋता वर्मा और भी ज़ोर से क्रुद्ध स्वर में चिल्लाईं, "यह मेरा आदेश है।"

डॉ० भारद्वाज मुड़े और वहीं से उत्तर दिया, "जो काम नहीं हो सकता वह नहीं हो सकता और न ही होगा।"

और वह क्षण-भर में आँखों से ओझल हो गए।

घण्टियाँ बहुत धीरे-धीरे बज रही थीं। चीत्कार निरंतर अन्तर को चीर रहा था। क्रोध, पीड़ा और अपमान से आहत डॉ० ऋता ने पूरा ज़ोर लगाकर उठना चाहा लेकिन दूसरे ही क्षण वह असह्य पीड़ा से फिर संज्ञाहीन हो गईं।

आश्चर्य, जब उनकी संज्ञा लौटी तो पाया कि घण्टियाँ बड़ी तेज़ी से बज रही हैं और गरजते तूफानी समुद्र की सर्वग्रासी लहरें उन्हें कभी आकाश में उछाल देती हैं। कभी अपने साथ अन्दर खींच ले जाती हैं और कभी तेज़ी से किनारे की रेती पर पटक देती हैं। उन्हें लगा वह मर चुकी हैं और असंख्य शवों के बीच उनका शव भी पड़ा है। क्षण-क्षण वे तूफानी गरजती, समुद्री हवाओं की ताल पर नृत्य करती हुई लहरें, उन शवों को उलट-पुलट देती हैं।

उसी कर्णभेदी हाहाकार में दूर से आती कुछ आवाज़ें सुनाई देती हैं। उनके पास खड़ा कोई कह रहा है, "यह तो शव है, पहले देखो कोई जीवित तो नहीं है!"

वे आगे बढ़ जाते हैं तो वह चीख उठती हैं, "मैं ज़िन्दा हूँ। मुझे यहाँ से ले चलो।"

उत्तर आता है, "चुप रहो। तुम लाश हो। पहले हमें जीवित व्यक्तियों को ढूँढ़ना है।"

"मैं जीवित हूँ, मैं जीवित हूँ। आप मानते क्यों नहीं?"

"तुम जीवित नहीं हो, तुम मर चुकी हो, प्रेत हो, तुम्हें हम नहीं ले जाएँगे।"

आवाज़ें दूर और दूर होती जाती हैं। घण्टियाँ भी धीमी पड़ जाती हैं। चीत्कार भी कम होने लगा है। वह अनुभव करती हैं, मुझे प्रेत कहने वाली आवाज़ डॉक्टर भारद्वाज की आवाज़ थी।

वह सहसा कठोर हो उठीं। दूसरे ही क्षण वह कठोरता गिड़गिड़ाहट में बदल गई, "डॉ० भारद्वाज, डॉ० भारद्वाज···"

घण्टियाँ बड़ी तेज़ी से बजीं, मन्दिर में आरती की तरह। आश्चर्य, उसी क्षण उनकी आँखें खुल गईं और उन्होंने पाया, कहीं कुछ नहीं है। वह दक्षिण दिल्ली के पॉश इलाके में अपने शयनकक्ष की सुकोमल शैया पर लेटी हैं। वह विस्मय से देखती हैं वहाँ पर तो कोई नहीं है, पर उसी क्षण दरवाज़ा खुलता है। उनकी छोटी बहन ऋचा और सेविका वासन्ती दोनों एक साथ तेज़ी से अन्दर आती हैं। ऋचा उनके ऊपर झुककर कहती है, "दीदी, दीदी, तुम बड़ी देर से डर रही थी। क्या बात है ? कोई भयानक सपना देखा है क्या ?"

डॉ० ऋता जैसे आश्वस्त हुईं। उन्होंने अपनी छोटी बहन की ओर देखा और धीरे-धीरे कहा, "मैं सचुमच डर गई थी। मेरा दिल अब भी धड़क रहा है। कैसे भयानक थे वे सपने। लेकिन अब कोई बात नहीं, तुम जाओ, सोओ।"

"नहीं दीदी, मैं आपके पास ही सोऊँगी।"

"अरी नहीं," ऋता ने हँसने की कोशिश की, "सपनों से क्या डरना ! वे तो जीवन का प्रतिबिम्ब होते हैं।"

ऋचा ने कुछ पूछना चाहा, लेकिन वासन्ती ने धीरे से उसकी बाँह दबा दी मानो कह रही हो, छोटी दीदी, तुम तो जानती ही हो, बड़ी दीदी मन से स्नेहिल होकर भी व्यवहार में कितनी कठोर और जिद्दी हैं। अफसर हैं न, वह क्या कहते हैं गजेटिड अफसर।

और वे दोनों बाहर चली गईं। डॉ० ऋता फिर अकेली थीं। उनके अंतर में तुमुलनाद उठ रहा था। प्रतिक्षण वह सब-कुछ भूलती जा रही थीं जो उन्होंने देखा था। वह अब केवल अनुभव कर सकती थीं कि वह तब बार-बार किसी भयंकर दुर्घटना में फँस जाती थीं। उन्हें केवल तूफानी समुद्र की उफनती-उमड़ती लहरों की धुँधली-सी याद थी और कभी-कभी उन लहरों पर नाचते दो परिचित चेहरे भी उनके दृष्टिपथ में आ जाते थे।

उन्होंने तेज़ी से आँखें मीचकर करवट बदली। वे लहरें और वे चेहरे, वे तो हर बार जैसे तांडव नृत्य करते हुए उनके दृष्टिपथ में आ जाते। एक चेहरा भयातुर था और दूसरे के चेहरे पर कुटिल मुस्कान खेल रही थी।

वह तेज़ी से उठकर बैठ गईं। पर वे चेहरे···

उफ ! उन्होंने पास के लैम्प को जला दिया। उस उजास में सब कुछ तिरोहित हो

उठा। उसने स्वस्ति की साँस ली और तकिये से कमर टिकाकर शून्य में खो गईं। घंटियाँ अब धीरे-धीरे मादक स्वर में बज रही थीं। कितना अच्छा लगता कभी इस तरह खो जाना···

पर्यटन विभाग की डायरेक्टर डॉ० ऋता का कार्यालय चौथी मंज़िल पर था। उनके आने की सूचना देने वाले उनके सैंडिल की खट्-खट् का स्वर बड़ी तेज़ी से छाती में बज उठता तो ऐसा लगता जैसे महामौन में रह-रहकर उठता एकाएक नगाड़े का कर्णभेदी स्वर शिराओं में कंपन पैदा करने लगा है।

उन्होंने अपने कमरे में प्रवेश किया। वह कुर्सी पर बैठने ही वाली थीं कि सदा की तरह उनकी दृष्टि चारों ओर घूम गई और दूसरे ही क्षण भृकुटी तन गई। उनके सामने एक बहुत ही सुन्दर बुके रखा हुआ है और उसकी सुगंध से समूचा वातावरण महक उठा है। उन्होंने एकदम कठोर स्वर में पुकारा, "रामसिंह !"

रामसिंह दौड़ा हुआ आया, "जी, मैडम !"

"मेरे कमरे में कोई आया था ?"

"जी।"

"कौन ?"

"वह जो नये उप-निदेशक···"

वह वाक्य पूरा कर पाता कि वह चीख उठीं, "क्या तुम्हें मालूम नहीं कि मेरे पीछे मेरे कमरे में किसी को आने की इजाज़त नहीं है ?"

"जी, मैं तब बाहर था।"

"लेकिन तुमने उनको आते हुए तो देखा ही था। तुमने उनसे कहा नहीं ?···"

"जी कहा था, पर वह तो यह बुके रखकर तुरंत चले गए।"

जैसे वह अपने पर से अधिकार खोती जा रही हों, स्वर की कठोरता और बढ़ गई, बोलीं, "रामसिंह, सब-कुछ जानते हुए भी तुमने मना नहीं किया ?"

"जी, नहीं किया।"

"क्यों नहीं किया ?"

"जी, वह आज ही तो यहाँ आए हैं और आपके लिए बुके भी लाए थे।"

"रामसिंह, तुम्हें मालूम है कि मैं यही बातें पसन्द नहीं करती। फिर भी तुमने सोचा···जाओ, तुरंत बुलाकर लाओ उन्हें।"

जब तक वह आ पाते डॉ० ऋता एकटक उस बुके को देखती हुई न जाने कहाँ खो गईं। उनका क्षण-भर पहले का वह उग्र रूप उन क्षणों में जैसे फाइलों के पन्नों में कहीं खो गया हो। एक घमासान मच उठा था उनके अंतर में जिसे वह स्वयं भी नहीं जानती थीं। उनकी निद्रा तभी टूटी जब नये उप-निदेशक के पदचाप बहुत पास आ गए। वह सिहरीं और फिर एकाएक कठोर हो आईं, बोलीं, "मिस्टर भटनागर, मेरी अनुपस्थिति में आपको मेरे कमरे में आने का साहस कैसे हुआ ?"

मि० भटनागर को रामसिंह सब-कुछ बता चुका था, इसलिए वह शांत स्वर में बोले, "आई एम वेरी सॉरी मैडम, मैंने आज ही चार्ज लिया है। इसलिए मैं आपको प्रणाम करने के लिए आया था। और यह बुके भी आपको देना चाहता था लेकिन आप यहाँ नहीं थीं।"

डॉ० ऋता एक-एक शब्द पर जोर देते हुए बोलीं, "मिस्टर भटनागर, आप मुझसे पहले भी मिल चुके हैं। फिर मेरे पीछे मेरे कमरे में आने की क्या आवश्यकता थी?"

अटकते हुए मि० भटनागर ने कहा, "जी यह बुके भेंट करना चाहता था।"

"यही तो मैं पूछती हूँ, आप यह बुके यहाँ रखने का साहस कैसे कर सके? ले जाइए इसे···।"

"नहीं, नहीं, यह तो मेरी ओर से···"

"मैं कहती हूँ, ले जाइए इसे, अभी ले जाइए। मुझे यह सब पसन्द नहीं।"

और उन्होंने बुके उठाकर मि० भटनागर के सामने रख दिया। डॉ० भटनागर के काटो तो खून नहीं। वह एक ओर तो अपने को अपमानित महसूस कर रहे थे, दूसरी ओर वह पहली बार अपने अफसर के सामने खड़े थे जो नारी थी। वह एक शब्द नहीं बोले। उन्होंने काँपते हाथों से बुके उठाया और तेजी से बाहर निकले चले गए।

डॉ० ऋता कुछ क्षण उस तनाव से ग्रस्त रहीं, पर उनकी भंगिमा वैसी ही रोबीली थी। उन्होंने कुछ फाइलों को देखा, फोन किए और फोन सुने। तभी उनके मन्त्रालय से फोन आया कि वह आधा घंटे में मंत्री महोदय के विशेष कक्ष में पहुँच जाएँ। एक बहुत आवश्यक मीटिंग है।

"ठीक है, मैं अभी पहुँच रही हूँ।" उन्होंने फोन रख दिया और बुदबुदाई, 'मीटिंग, मीटिंग! कोई कुछ करता क्यों नहीं!' फिर उन्होंने रामसिंह को पुकारा, "देखो रामसिंह, मैं मंत्री महोदय के पास जा रही हूँ। बहुत आवश्यक मीटिंग है। पता नहीं कितनी देर लगे। जब तक मैं न आऊँ, मेरे कमरे में किसी को भी नहीं आने देना।"

एक सदा होने वाले रुटीन की तरह रामसिंह ने उत्तर दिया, "जी मैडम।"

"और हाँ, सह-निदेशक डॉ० भारद्वाज से कहना कि वह लोकसभा के सभी प्रश्नों के उत्तर तैयार रखें, पूरक प्रश्नों के उत्तर भी और उनका हिन्दी में अनुवाद भी।"

यह कहती हुई वे खट्-खट् करती लिफ्ट की ओर चली गईं। लेकिन बीच में एक क्षण रुकीं, "रामसिंह, ड्राइवर को फोन करो, गाड़ी तैयार रखे।"

मंत्रालय की मीटिंग से जब वह लौटीं तो चार बज चुके थे। वही खट्-खट्, वही तनी हुई भृकुटी। सीधे कमरे में चली गईं। लंच हो चुका था। वह थकान महसूस कर रही थीं फिर भी फाइलों के नये ढेर को उन्होंने इधर-उधर से देखा और उसी रोबीले स्वर में बोलीं, "रामसिंह, डॉ० भारद्वाज से कहो कि मुझे उनसे बहुत आवश्यक बात करनी है। मैंने फोन किया था पर वह सीट पर नहीं थे।"

"जी, वह अभी भी सीट पर नहीं हैं। यह भी नहीं जानता कि वह कब आएँगे।"

सुनकर डॉ० ऋता का चेहरा तमतमा उठा। वह फिर फाइल देखने लगीं। पर न जाने क्या सोचकर फाइल बंद कर दी और कुर्सी से पीठ लगाकर कहीं खो गईं। बार-बार शून्य में खो जाना उनका स्वभाव था। वह अपने को पहचानना चाहती थीं, लेकिन अभी तक वह न अपने को पहचान पाई थीं और न अपने साथियों को। इसीलिए तिलमिला उठती थीं और तब न जाने उनके अंतर में कोई कुटिलता से मन्द-मन्द हँस पड़ता, पर दूसरे ही क्षण वे और खीज उठतीं।

वह इसी स्थिति में थीं कि डॉक्टर भारद्वाज ने कमरे में प्रवेश किया, "आपने मुझे बुलाया मैडम ?"

सहसा सिहर उठीं डॉ० ऋता, लेकिन दूसरे ही क्षण अपने पूर्व परिचित शासकीय स्वर में बोलीं, "हाँ, मुझे लोकसभा में पूछे गए प्रश्नों के उत्तर चाहिए।"

"वह तैयार हो रहे हैं।"

"अभी तक क्यों नहीं हुए ? मन्त्री महोदय बहुत क्रुद्ध हो रहे थे।"

डॉ० भारद्वाज ने शांत स्वर में उत्तर दिया, "मंत्री महोदय तो नाराज़ होते ही रहते हैं। हम सब पूरा प्रयत्न कर रहे हैं। लेकिन जितना समय लगता है वह तो लगेगा ही, फिर भी हम····"

"मैं कुछ नहीं सुनना चाहती। मुझे सब सामग्री आज ही चाहिए।"

"मैडम, यह तो संभव नहीं है, फिर भी हम कोशिश करेंगे कि शीघ्र से शीघ्र····"

"शीघ्र से शीघ्र की कोई सीमा नहीं होती। मुझे तुरंत चाहिए।"

बात काट दी डॉ० भारद्वाज ने इस बार और बोले दृढ़ स्वर में, "देखिए मैडम, हमारा काम तो प्रयत्न करना है, फिर भी देखता हूँ····"

"देखता हूँ नहीं, मैं इंतज़ार करूँगी, और हाँ, पूरक प्रश्नों का अनुवाद हुआ ?"

"जी नहीं।"

"क्यों ?"

"क्योंकि हो नहीं सकता।"

"कोई भी काम ऐसा नहीं है जो नहीं हो सकता। डॉ० भारद्वाज, आपका यह कर्तव्य है····"

"मेरा कर्तव्य क्या है यह मैं जानता हूँ, पर पूरक प्रश्नों का अनुवाद न तो कभी हुआ और न कभी हो ही सकता है।"

"मैं नहीं जानती, मुझे अनुवाद मिलना ही चाहिए।"

"मुझे खेद है मैडम, ऐसा नहीं हो सकता।"

डॉ० ऋता और भी क्रुद्ध हो उठीं। उनका स्वर और भी तीखा हो आया।

डॉ० भारद्वाज ने उन्हें देखा और दोनों हाथ मेज़ पर टिकाकर उनकी आँखों में आँखें डालते हुए शांत स्वर में कहा, "मैंने निवेदन किया मैडम कि पूरक प्रश्नों का

अनुवाद नहीं होता इसलिए आज भी नहीं होगा।" और यह कहकर वह कमरे से बाहर चले गए।

डॉ० ऋता स्तब्ध, हतप्रभ, विस्मित जैसे कोई बरमे से उनकी छाती में पेच पर पेच कसता जा रहा हो।

घण्टियाँ तेज़ी से बजकर बन्द हो गईं।....

वह फिर चौंकीं। वह अभी अपने बिस्तर से उठी कहाँ थीं। छोटी बहन ऋचा हाथ में चाय का प्याला लिए अन्दर प्रवेश कर रही थी।

"दीदी, यह चाय रख रही हूँ, रात तो आप बहुत डर गई थीं, क्या बात थी?"

डॉ० ऋता अब तक अपने को किसी तरह सुस्थिर कर चुकी थीं। बोलीं, "मैं कुछ नहीं जानती। तीन दिन से...."

"हाँ दीदी, तीन रात हो गईं आपको इस तरह डरते हुए।"

"हाँ, पर आश्चर्य यह कि मैं जागते ही सब-कुछ भूल जाती हूँ। बस, इतना ही अनुभव करती हूँ कि कोई भयानक राक्षस मेरा पीछा कर रहा है।"

"आपके कार्यालय में कोई विशेष घटना तो नहीं घटी इन दिनों?"

"वहाँ और होता ही क्या है। घटनाएँ घटती हैं, मीटिंगें होती हैं। तेज़ी-तुर्शी भी हो जाती है कभी-कभी। जैसे कभी-कभी अकारण अट्टहास गूँज उठते हैं। सब रुटीन है।"

हँस आई ऋचा, "दीदी, यह क्यों भूलती हैं कि आप बहुत अनुशासनप्रिय हैं, बहुत कठोर ऑफिसर हैं, लेकिन यह कठोरता दूसरे को इतना परेशान नहीं करती जितना अपने-आपको।"

चकित डॉ० ऋता ने अपनी बहन की ओर देखा, पर वह कोई उत्तर नहीं दे सकीं। चुपचाप चाय पीकर उठ गईं, पर अन्तर में तो फिर घमासान उभर रहा था। मन के पटल पर वे चेहरे बार-बार आघात कर रहे थे। लेकिन चेहरों की यह बात उन्होंने अपनी बहन से भी नहीं कही। उस दिन भी वह सदा की तरह तैयार होकर कार्यालय गईं। वही अनुशासन और कठोरता का मुखौटा जो अब तक चेहरे में रच-बस गया था। वही 'मैं कुछ हूँ' का आभास देती खट्-खट्-खट्....सभी अधीनस्थों से वही शुष्क व्यवहार।

कभी हँसतीं भी तो तुरंत मुखौटा लगा लेतीं, जैसे कोई बहुत बड़ी गलती कर गई हों। लेकिन उनके अंतर में एक तुमुलनाद निरंतर उठता रहता और मथता रहता उनके पूरे अस्तित्व को, विशेषकर डॉ० भटनागर व डॉ० भारद्वाज वाली घटना के बाद। तब बड़ी दयनीय स्थिति हो जाती उनकी। कभी-कभी उनकी कठोरता घनघोर रूप से उग्र हो उठतीं तो कभी-कभी वह अपने को चौंकातीं बड़े कोमल मधुर स्वर में बातें करने लगतीं। तब रामसिंह घबरा उठता और कुछ क्षण बाद पूछता, "मैडम, आज आपकी तबीयत तो ठीक है ना?"

डॉ० ऋता मुस्कराती हुई कुछ कहना चाहतीं लेकिन मुँह से जो शब्द निकलते वह

वैसे ही कड़वाहट लिए हुए।

"क्यों, क्या हुआ मेरी तबीयत को ? कुछ बदली हुई नज़र आती हूँ क्या ?"

"जी नहीं," रामसिंह सकपका जाता, "वैसे ही...."

"अच्छा जाओ, उप-निदेशक हिन्दी मिस्टर भटनागर को मुझसे मिलने के लिए कहो।"

मि० भटनागर आए तो भृकुटी उसी तरह तनी हुई थी। बोलीं, "मिस्टर भटनागर, आपने बम्बई में होने वाली हिन्दी कार्यशाला का सब प्रबन्ध देख लिया न ?"

"जी मैडम, डॉक्टर भारद्वाज स्वयं वहाँ गए थे।"

"अच्छा ! वह लौट आए ?"

"जी हाँ, यहीं हैं। क्या आप मिलना चाहेंगी ?"

"नहीं, नहीं, कोई ज़रूरत नहीं। यह उनका और आपका काम है।"

भटनागर साहब मुस्कराकर मुड़ने को हुए कि वह फिर बोल उठीं, "यह मत भूलिये कि मंत्री महोदय स्वयं उसका उद्घाटन करने वाले हैं।"

"जी हाँ, मैं जानता हूँ।"

भटनागर साहब चले गए। डॉ० ऋता भी उठने वाली थीं। रामसिंह को बुलाकर सदा की तरह उसे सब-कुछ समझाया और फिर खट्-खट्-खट् शब्द से वातावरण को गुँजाती हुई लिफ्ट की ओर बढ़ गईं।

तभी अचानक देखा, डॉ० भारद्वाज ज़ीने की ओर जा रहे हैं। अपने को भूलकर यंत्रवत डॉ० ऋता पुकार उठीं, "डॉ० भारद्वाज, आप उधर कहाँ जा रहे हैं, लिफ्ट तो इधर है।"

डॉ० भारद्वाज ने सकपका कर उधर देखा, डॉ० ऋता मुस्करा रही थीं, वह बोले, "आज ऐसे ही ज़ीने से उतरने की इच्छा हो आई।"

"नहीं, नहीं, इधर आइए मेरे साथ। बम्बई में आपने सब प्रबंध ठीक कर दिया है ना ?"

"जी हाँ, सब ठीक है।"

तब तक लिफ्ट नीचे उतरने लगी थी। अनायास ही दोनों के बीच में एक गहन मौन गहराने लगा। दूसरी मंज़िल तक आते-आते अकस्मात् उन्हें लगा, भूकम्प का एक तीव्र झटका उन्हें कँपाता हुआ निकल गया हो। दोनों ने एक-दूसरे को देखा। तनिक पास आकर डॉ० ऋता ने धीरे से अपना हाथ डॉ० भारद्वाज के कंधे पर रखा, दबाया और फिर अत्यन्त कोमल मधुर स्वर में बोलीं, "डॉ० भारद्वाज, क्या आप मुझसे अभी तक नाराज़ हैं ?"

भूकम्प का झटका पहले नहीं अब लगा था।

□□